Antonio Mira de Amescua

Cuatro milagros
de amor

Edición de Vern Williamson

Barcelona **2024**
Linkgua-ediciones.com

Créditos

Título original: Cuatro milagros de amor.

© 2024, Red ediciones S.L.

e-mail: info@linkgua.com

Diseño de cubierta: Michel Mallard.

ISBN tapa dura: 978-84-1126-183-8.
ISBN rústica: 978-84-9816-075-8.
ISBN ebook: 978-84-9897-551-2

Sumario

Brevísima presentación

La vida

Antonio Mira de Amescua (Guadix, Granada, c. 1574-1644). España.

De familia noble, estudió teología en Guadix y Granada, mezclando su sacerdocio con su dedicación a la literatura. Estuvo en Nápoles al servicio del conde de Lemos y luego vivió en Madrid, donde participó en justas poéticas y fiestas cortesanas.

Personajes

Alberto, tío de Lucrecia
Don Sancho de Mendoza
Don Juan
Don Fernando de Moncada
Capitán Alvarado
Gómez, escudero
Doña Ana de Meneses
Doña Lucrecia de Castro
Inés
Aldonza
Un Comendador, padre de Sancho

Jornada primera

(Salen Lucrecia, Gómez y Aldonza.)

Lucrecia
Gómez, salga a recibir
a doña Ana; que ya ha entrado.

Gómez
Mucho el alba ha madrugado.

Lucrecia
¿Siempre está para decir
impertinencias?

Gómez
Señora,
¿cuándo ha sido impertinente
hablar poéticamente?

Lucrecia
Siempre lo fue, y más agora.

Gómez
Venga en buen hora el valor
que esta casa estima y precia.

(Salen doña Ana e Inés por otra puerta.)

Ana
¿Siempre está, doña Lucrecia,
vuestro escudero de humor?

Lucrecia
No le puedo ir a la mano.

Gómez (Aparte.)
(A la lengua ha de decir.)

Lucrecia
¿Me venís a persuadir
lo que otras veces?

Ana
Si es sano

mi consejo, ¿no queréis,
amiga, que os persuada?
Mejor estaréis casada.
Hacienda y sangre tenéis,
   juventud y gallardía.
Lucrecia, tomad estado.
Vuestro tío me ha enviado.

Lucrecia   Doña Ana, en vano porfía
   el consejo de mi tío.
Propóneme un caballero
a quien me incliné primero,
y usando de mi albedrío
   le aborrecí y olvidé,
venciendo la inclinación
con la luz de la razón.

Ana   Decid, ¿cómo?

Lucrecia   Sí, diré.
   Antes que el Sol madrugase
en las auroras de mayo,
cuidando de mi salud
muchas veces salí al campo,
y como suelen decir
que alienta sobre el blanco
cualquier color fácilmente.
aunque sea extraordinario,
yo llevaba en blanco el pecho,
sin amoroso cuidados;
y dispuesto a que el Amor
hiciese en él algún rasgo.
En Término de pintores,
llevaba el pecho imprimado

para que el Amor hiciese
algún dibujo gallardo.
Una, pues, de estas mañanas
entre las fuentes del Prado,
donde trepan los cristales
por columnas de alabastro,
airoso vi a un caballero
haciendo mal a un caballo,
tan fogoso que a no ser
repetido en los teatros,
dijera que era cometa,
o relámpago animado,
o que fue aborto del Betis,
ni bien bruto, ni bien rayo.
Pero esto es ya muy común.
Al dueño del bruto paso
y digo que era pintura
del joven Adonis cuando
fatigaba monte y fieras,
siendo también un retrato
del celoso Marte, al fin,
como de fuerza o de grado,
quiere Amor tener imperio
en los afectos humanos,
a mirarle me inclinó
curiosamente y despacio;
mas viendo que en el camino
nuestros ojos se encontraron,
discurrí; que el caballero
también estaba inclinado,
o que creyó que encubría
beldad rara el sutil manto.
Con unos mismos deseos
al Prado salimos ambos

otras mañanas, y en fin,
como a los ojos un sabio
llamó retóricas lenguas
porque mudos revelaron
al corazón los secretos
a que no se atrevió el labio,
en los suyos conocí
el regocijo y aplauso
con que miraba, diciendo:
«Mi dueño está enamorado.»
Viendo, pues, que mis antojos,
o ya ciegos o ya vanos,
me despeñaban, no quise
que amor creciese, triunfando
de mi albedrío, y aquí
se ofreció, doña Ana, un caso
que de mi pecho barrió
las amenazas y amagos
de amor, que aun no fueron flechas.
Vergüenza me da contarlo.
Para la huerta del Duque
traían seis toros bravos
por San Blas; y el alboroto
de la plebe iba causando
más temores que las fieras.
Hallábame yo en el paso.
Vi a mi amante, consoléme,
y creyendo que don Sancho
de Mendoza —éste es su nombre—
con el sombrero calado,
como dicen, y terciada
la capa, puesta la mano
en la espada, con valor
se me plantara a mi lado,

pálido le vi, y corriendo
se fue a tomar el caballo
que dejo para seguirme,
en quien subiendo turbado,
huyó del tropel confuso
de aquellos brutos que mansos
por ir juntos y con vacas
sin ofenderse pasaron.
La tempestad fenecida,
se apareció, preguntando
cómo me fue; pero yo
con el silencio y el manto
que hasta el pecho derribé,
sin que de él hiciese caso,
mi sentimiento mostré.
Informéme más despacio
de sus costumbres y supe
que aunque es rico y es hidalgo
muy principal, quiere más
su vida que su honra. Espanto
me da; que siendo Mendoza,
sea cobarde. No ha sacado
el acero en ocasiones
en que debiera sacarlo
jamás, según me refieren.
¡Oh, qué noble tan villano!
Corrida y libre de amor,
aunque malévolas astros
me inclinaban, di lugar
que pretendiese un indiano
mi casamiento. Éste vino
con ochenta mil ducados
del Perú, tan cuerdo y noble
como rico y cortesano;

pero éste tiene también
otro defecto tan malo;
que es miserable en extremo.
De él me cuentan que es esclavo
de su plata, y su familia
se cifra en solo un mulato.
Hay cuentos de su miseria
y avaricia tan extraños
que me han quitado el deseo
de casarme. Un hombre avaro
y un cobarde me festejan.
¡Qué dos ánimos bizarros
para mi humor! ¿Yo mujer
de hombre que vuelva agraviado
tal vez a casa? ¿Yo esposa
de quien por ídolo vano
tiene al oro? ¡No en mis días!
Tan generoso y gallardo
mi dueño ha de ser, que sea
un César y un Alejandro.
Sin ánimo y sin valor
mal será el marido amparo
de la mujer, honra, dueño,
guarda, defensa, regalo,
vida, consejo, cabeza,
mitad, unión, pompa, fausto,
gala, estimación, lisonja,
alma, bien, gusto y descanso.

| Ana | ¿Valentón le quieres? Di. |

Lucrecia	No le quiero de ese nombre,
	pero el hombre ha de ser hombre
	que sepa volver por sí.

Porque siendo conveniente,
la vida se ha de arriesgar
sin recelo; que el guardar
el honor es ser valiente.
    ¿Y qué importa la riqueza
si no se goza la vida?
¿Yo he de vivir deslucida?
¿Yo vivir con escaseza
    porque juegue mi heredero?
¡Eso no! No quiero esposo
tan bárbaro y codicioso
que idolatre en su dinero.

Ana   Pues, si algo no disimulas,
no hallarás hombre perfecto.
¿Quién no tiene algún defecto?

Gómez   Eso dicen de las mulas.

Lucrecia   Faltas hay, tales que son
llevadas sin pesadumbre:
unas son de la costumbre
y otras de la condición.
    Y aquéstas sin aspereza
pueden llevarse sin duda;
que el veloz tiempo las muda;
pero si Naturaleza
    las ha dado, es imposible
que se enmienden.

Gómez   ¡Bien ha dicho!

Ana   Todo tu gusto es capricho.
Humor tienes invencible.

De ver que incasable seas,
aun tus criados se admiran.
Cosas hay que si se miran
de lejos parecen feas;
    mas, de cerca y conocidas,
son apacibles y hermosas.
De esta suerte hay muchas cosas
que nos asombran oídas
    y llegando a conocellas,
echamos de ver que son
disfamadas sin razón.
Pequeñas son las estrellas
    desde lejos, y diamantes
se nos antojan, o flores,
y dicen que son mayores
que la tierra. Dos amantes
    de mi dote y opinión
me sirven y yo resisto
de modo que aun no me han visto
la cara. Por relación
    me pretenden y pasean,
pero siempre me he tapado
en viéndolos. Con cuidado
he andado en que no me vean.
    Yo, Lucrecia, he de casarme,
pues rica aunque fea nací.
Siendo señora de mí,
nunca pienso enamorarme.
    Mi casamiento he de ser
por concierto y elección.
Hasta agora estos dos son
mis amantes, y escoger
    quise en ellos y he sabido
una falta en cada uno

con que no admito a ninguno.
Así es los he aborrecido.
   Un don Juan es uno, amiga,
que anda sin aire y así
tan descuidado de sí
que a no estimarle me obliga.
   ¿A qué mujer de buen gusto
en esta corte ha agradado
marido desaliñado?
No lo puedo ver.

Lucrecia   Ni es justo.

Ana   Es el otro un don Fernando
de Moncada, y he sabido
que es muy necio y presumido
y que habla siempre jugando
   del vocablo o por rodeos
y metáforas, de modo
que es hombre exquisito en todo,
y así he tenido deseos
   de hablar con él.

Lucrecia   No lo intentes.

Ana   Mi Lucrecia, examinemos
la noticia que tenemos
de estos cuatro pretendientes.
   Hablémosles con cuidado.
Quizá el necio es encogido,
el cobarde cuerdo ha sido,
sin arte el desaliñado,
   el avariento guardoso,
y por esto los disfaman.

Gómez	Eso piensan los que llaman decidor al mentiroso, secretario al escribano, al ciego, corto de vista, y moreno al negro.
Ana	Embista el despejo cortesano a hacer experiencia fiel de éstos que nos han querido.
Inés	Siguiéndonos ha venido don Fernando, y un papel me dio.
Ana	¿Por qué le tomaste?
Lucrecia	Inés hizo bien. Veamos el papel, pues deseamos saber a quién te inclinaste.
(Lee.)	Con el descrédito de la confianza y valimento de mi amor, es fuerza que esté minorada la monarquía de mi libertad, y supeditada la razón con deseos intrínsicos, y superiores al infausto semblante de mi osadía en fúnebres desaciertos, pero los alientos de la esperanza dan vigor al lucimiento de mis pretensiones si esa luminosa faz me vaporiza algún favor atractivo. De Vuestra Merced, y tan suyo que no es suyo, porque a ser suyo sin ese cuyo, no supiera con tal cuyo, si era mío o si era suyo.

Lucrecia	¡Ay, amiga, mentecato de cuatro costados es!
Inés	Él vuelve.
Ana	Llámale, Inés.
Lucrecia	No conviene a mi recato que entre en casa.
Gómez	Yo me obligo a que entre sin entender el misterio. De un poder ha de entrar a ser testigo y yo me finjo escribano.
Ana	Ponte mi manto, que así ha de tenerte por mí. Con el valor soberano de tu ingenio y hermosura, quiero que asombro le des. El por qué diré después.

(Pónese el manto Lucrecia.)

Entra a ser de una escritura
   testigo, señor galán,
y perdone.

(Dentro.)

Fernando	Yo recibo sumo honor.

Gómez (Aparte.)   (Mientras escribo,
                         sepan si es tonto.)

(Sale don Fernando.)

Fernando   El imán
                         de esa voz atraerme pudo.
(Aparte.)   (Rendida a doña Ana dejo.
                         Obrando va el papelejo,
                         ¡pero tal es él de agudo!)

Lucrecia (Aparte.)   (¿A éste caballero llamas?
                         Con razón necia te digo.)

Fernando   ¿No valgo para testigo
                         de rescriptos? ¿Qué hacen, damas?

Lucrecia   Para cosas diferentes
                         son testigos tan felices.

(Escribe.)

Gómez   Obligo bienes raíces,
                         los bienes y semi-bienes.

Fernando   El portátil aposento
                         que los cuadrúpedos tiran
                         infaustos, seguí, y no giran
                         relámpagos en el viento
                           como esos ojos radiantes
                         con quien intervalos tuve
                         por el manto, opaca nube
                         que gusanos sibilantes
                           labraron, nocturnos velos

del manto, ausentando vaya
la luz abscondita, y haya
manifestación de cielos.
    Ana, que puede ser Ana
del tapiz más celestial,
Anajarte, Ana inmortal,
¿eres Diana? Di, Ana.

Lucrecia   Amiga, ¿en qué me has metido?
Este necio me marea.

Ana   Da lugar a que te vea.

Gómez   Y dio su poder cumplido.

Lucrecia   He excusado que me vieses
con porfía de mujer,
pero esta vez has de ver
a doña Ana de Meneses.
    Verme y dejarme. No quiero
paseos ni pretensiones;
ni ha de causar opiniones
a mi amor tal caballero.
    Seguir mi coche y rondar
continuamente mi puerta
no ha sido acción en que acierta
quien sabe tan bien hablar.

Fernando   Rígida, señora, fuisteis,
y ya benévola estáis.
De rayos me circundáis
después que ese cielo abristeis.
    Vuestra raridad admiro,
turbida y fea os mintió

la fama, y después que yo,
sin obstáculos os miro,
　digo que sois una dea
y que están mis pensamientos
difusos y turbulentos.
¡Feliz quién os galantea!
　¿Con qué cara he de dejar
de estar viendo cara a cara
la hermosura de esa cara
que cara me ha de costar?

Lucrecia (Aparte.)　　　(Respóndole por su estilo.)
Valor tan acreditado
estrépita me ha dejado.
Frases y ambajes afilo
　para exprimir elocuente
valimentos vigorosos,
descréditos noticiosos
que en la idea y en la mente
　alternando melodías
dan nocturnas invasiones,
infaustas infestaciones
y graves soberanías.
　Y con esto irse podrá
porque con esto y sin esto
en esto estás, y por esto
ésta seré si se está.

Fernando　　　¡Oh, qué lenguaje almicida!
Duplicado me perdí.

Ana　　　Échale, Gómez, de aquí;
que estoy de verle corrida.

(Lee.)

Gómez   Esto está hecho en la villa Madrid, a
treinta y cuatro del mes de febrero. Ante
mí, el presente escribano, y el infrascripto
testigo a quien doy fe que conozco, pareció
la señora doña Lucrecia de Castro que es ésta
y obligando su persona y bienes, habidos y
por haber, dijo que vendía y vendió una uña
de la gran bestia, como el señor don Fernando
es testigo, a la señora doña Ana de Meneses,
que es ésta; y porque la dicha bestia, no
quitando la presente, no parece de contado,
renunció las leyes de la mancomunidad y dando
su poder in solidum a cuales quier justicias,
dijo que decía y cedió la dicha bestia como
esta escritura nota, y por no saber firmar
rogó a un testigo que firmase por ella.
Firme, Vuestra Merced, y váyase; que ya no
hay qué hacer.

Fernando   Testigo Fénix, ¿no es vano?
¿No ocurre otro?

Gómez   Cuando es
como vos, vale por tres.

Fernando   No es estulto el escribano.
  Venga el calino ansarino.
Subminstre con primor
etiópico color
a ese vaso cornerino.

Gómez (Aparte.)   (La pluma y tintero entiendo

que el señor Moncada dice.)

(Sale don Juan.)

Juan (Aparte.)   (Ya me he atrevido. Bien hice.
                        El coche vine siguiendo
                           y escuché que a don Fernando
                        llamaban, ¡oh suerte dura!,
                        para hacer una escritura
                        y aun él mismo está firmando.
                           ¡Vive Dios! Que se desposan
                        y las escrituras hacen.
                        Todas mis máquinas yacen.
                        En vano mis ansias osan
                           trepar por el viento. Fue
                        mi esperanza vanidad.)

Fernando   Escriturario, tomad
                        la péndola. Ya firmé.

(Lee.)

Gómez   Don Fernando Fernández de Moncada
                        por naturaleza, y Meneses por gracia.

Fernando   Dos conceptos son agudos.
                        Eso es firmar y decir.

Gómez (Aparte.)   (Aquí arriba he de escribir
                        que me debe cien escudos
                           este mentecato.)

Juan (Aparte.)   (¿Cuándo
                        no elige mal la mujer?)

24

| Lucrecia | Aquí no tenéis qué hacer. |
| | Idos, señor don Fernando. |

Fernando	Quedaros diréis mejor,
	pues en quedar ha qué dar;
	que dar el alma es quedar.
	Quedando, quedó el rigor
	y quedándome un favor,
	quedo quedando en quedar,
	y por esto ha de decirse:
	ir y quedar y con quedar partirse.

(Vase.)

| Juan (Aparte.) | (Éste es necio con ventura. |
| | Ya mi pecho es un volcán.) |

| Ana | ¡Ay, amiga, éste es don Juan. |

| Lucrecia | Pues, prosigo mi figura. |

Juan	A daros la enhorabuena
	con envidia y con cuidado,
	señora doña Ana, he entrado;
	aunque estás en casa ajena.
	Si un simple de vuestro esposo
	las escrituras firmó,
	fuerza fue que muera yo
	si no vengado, envidioso...

Lucrecia	Iguales estáis los dos
	en lo que habéis motejado;
	que el otro es desaliñado
	en lo que habla como vos

en lo que vestís.

Juan

Ya abona
a un necio vuestro favor.
Señas son de injusto amor.

Lucrecia

Enderezad la valona.

Juan

Donde vive Amor, no hay arte;
mas los vuestros son desvelos
para divertir mis celos.

Lucrecia

Levantad el talabarte.

Juan

Casada estáis. Los recatos
del manto podéis perder
dejándoos, señora, ver.

Lucrecia

Despabilad los zapatos.

Juan

Si burláis, burlo también,
y aunque grosería sea:
quien tiene fama de fea
no ha de usar de ese desdén
con quien haciendo fineza,
no habiéndoos visto, os adora
porque conoce y no ignora
vuestra virtud y nobleza.

Lucrecia

Pues, don Juan, para que os vais
enfadado, y me dejéis
y mi calle no paséis,
quiero que ya me veáis;
cesen vuestras pretensiones.

Una nuestra falla sea;
que también tiene una fea
desaliño en las facciones.

(Descúbrese.)

Juan   Hasta aquí no he visto el día;
con envidia habla la fama.
Ya supe que el mundo os llama
la fea por ironía.
     En veros me sucedió
con espanto y sin sosiego
lo que refieren de un ciego
que ver el Sol deseó.
     En medio una noche fría
vista cobró, y una estrella
adoró como a luz bella
pensando que el Sol sería.
     Salió la Luna después,
y admirado, aquel rabí
dijo a voces: «Ésta sí
la hermosura del Sol es».
     Pero amaneciendo luego,
como al Sol natural vio,
tanto su luz le pasmó
que otra vez se quedó ciego.

Lucrecia   No estáis, don Juan, bien aquí;
que estamos en casa ajena.
Idos luego en hora buena.

Juan   Obedezco y voy sin mí.

Gómez   Cierto prelado tenía,

señor don Juan, dos criados
sucios y desaliñados,
y aunque santo, les decía:
    «Enamoraos, puercos.»

Juan   Pues,
y con eso, ¿qué hay probado?

Gómez   Que no estáis enamorado.

Juan   Un prodigio mi amor es.

(Vase.)

Lucrecia   ¿De qué importancia fue, amiga,
esta invención?

Ana   Cosa es cierta
que puede andar descubierta
sin que ninguno me siga
    de los dos.

Lucrecia   Y por librarte
de tus amantes así,
que me persigna a mí?

Ana   Estos no han de pasearte.

Lucrecia   ¿Defiéndeme tú, por Dios,
de los míos?

Ana   Sí, lo haré
porque ya el remedio sé.

Aldonza	Y en la calle están los dos.
Lucrecia	Excusemos tales bodas.
	Ni nos festejen, ni obliguen.
Gómez	Cuatro figuras nos siguen;
	descartémoslas hoy todas.

(Vanse. Salen Alvarado y don Sancho.)

Alvarado	El Capitán Alvarado

          soy, y de las Indias vine
          a que el duelo determine
          nuestro amoroso cuidado.
            Vos, don Sancho de Mendoza,
          a Lucrecia amáis. No ignoro
          vuestra intención. Yo la adoro
          y ninguno favor goza.
            Por ser dos, nos estorbamos
          el uno al otro, y así
          quede decidido aquí
          cuál la ha de servir. Riñamos.

Sancho	Si apacible no la vemos,

          necedad se ha de decir,
          que vengamos a reñir
          por cosa que no tenemos.
            Ni yo favores recibo
          ni vos, y si sucediere
          que el que más le agrada muere,
          ¿cómo ha de quedar el vivo?
            Aborrecido. Y es justo.
          No riñemos a sus ojos
          ni le causemos enojos.

Muriendo el que es de su gusto,
¿qué puede ser?

Alvarado
    Pues, no os halle
más aquí mi competencia
o no escuséis la pendencia.

Sancho
¿Y es fineza que en su calle
 riñan dos enamorados?
Locura será, no brío.

Alvarado
Pues, al campo.

Sancho
    ¿Desafío
y morir descomulgado?
 Pienso, señor Capitán,
que hacemos mal.

Alvarado
    Pues, ¿qué medio
ha de dar corte y remedio
a que su amante y galán
 sea uno solo? ¿No es llano
que ha de decirlo la espada?
¿Para cuándo está guardada?

Sancho (Aparte.)
(Apretante es el indiano.)
 Reportaos, señor, por Dios.
Cuerdo soy y así resisto.
¿Dónde a Lucrecia habéis visto?

Alvarado
En el Prado como vos.

Sancho
  Yo vi en casos semejantes
que suelen ir a la dama

y ella declara a quién ama
dando paz a los amantes.

Alvarado

A las comunes mujeres
se va con demandas tales,
no a mujeres principales.

Sancho (Aparte.)

(¡Oh, qué colérico eres!)
   A mí, señor, se me ofrece
para entrar allá ocasión,
y en nuestra conversación
se verá a quién favorece.

Alvarado (Aparte.)

   (Éste es cobarde y hacerle
algún donaire podré
que descrédito le dé.)

Sancho (Aparte.)

(Éste es mísero. Ponerle
   en ocasión de gastar
será descubrir su falta.)

Alvarado

Si habemos de entrar, ¿qué falta?
Llegad, don Sancho a llamar.

(Sale Gómez.)

Sancho

   Señor Gómez, mi señora
doña Lucrecia, ¿está en casa?

Gómez

¡Ay, no sepa lo que pasa;
que me engañó la traidora
   de Aldonza. A un ardiente rayo
mi señora hará molerme
si sabe que mientras duerme

las mañanicas de mayo
vamos al Prado.

Sancho   No entiendo.

(Sale Aldonza.)

Aldonza   ¿Qué es eso, Gómez?

Gómez   Tus cosas
atrevidas y engañosas;
que ya se van descubriendo.

Aldonza   ¡Señor, don Sancho! ¡Señor
Capitán! ¡Por Dios, les ruego
que pues burla ha sido y juego
y son hombres de valor,
no descubran lo que pasa.

Alvarado   Esto, ¿qué misterio tiene?

(Sale Ana.)

Ana   ¡Hola!

Gómez   Mi señora viene.
Ella nos echa de casa.

Ana   Caballeros, ¿qué mandáis?

Alvarado   A la señora Lucrecia
buscamos.

Ana   ¿No avisáis, necia?

Hablando con ella estáis.

Sancho   Doña Lucrecia de Castro
decimos.

Ana   La misma soy.

Aldonza   Ellos dos sacaron hoy
nuestro embuste por el rastro.

Ana   A los dos confusos miro
y a los dos turbados veo.
Saber la causa deseo.
Ea, de nada me admiro.
   Decid la verdad.

Gómez   Señora,
nuestra culpa fue pequeña.
Mari-Ramírez la dueña
es, a veces, embaidora.
  Estas mañanas de abril
salimos mientras dormías
hacia el Prado algunos días
y ella en vez de su monjil
  vestidos tuyos se puso;
que eras tú misma fingimos,
los dos sirviéndola fuimos
porque dijo que es ya uso
  que haya abrilas como mayas.
Viéronla estos dos soldados
y andan medio enamorados
de Mari-Ramírez. No hayas
  pesadumbre.

Ana	Caballeros,
	si a mí os venís a quejar
	de este engaño, castigar
	sabré en mi casa embusteros
	sin que disculpa les valga;
	que esto en ella no se enseña.
	¡Hola!
Inés	¿Señora?
Ana	A esa dueña.
Inés	Señora Ramírez, salga.

(Sale Lucrecia de dueña.)

Lucrecia	¿Fue buey de hurto salir
	de máscara al Prado un día?
	¿Tanta fue la alevosía
	que he cometido en fingir
	que era mi señora yo
	para que a quejarse vengan
	dos barbados y que tengan
	a injuria que los burló
	una pobreta mujer?
Ana	La ofendida soy, no ellos.
	Yo os cortaré los cabellos;
	y esas tocas, que han de ser
	honra de mi estrado, ya
	no serán vuestras. Inés
	las traerá; que cuerda es,
	o Aldonza se las pondrá.
	Perdonad, y yo, en buena hora,

ya mi enojo la corrige.

Gómez   ¿Ramírez, no se lo dije?

Alvarado   ¡Más belleza tiene agora!
  ¡Vive Dios! ¡Que tiene así
tan celestial hermosura!
¡Que le faltase ventura
a tal ángel! Al Sol vi
  cuando en círculos se mueve
cercando sus luces francas
piélagos de nubes blancas
que están preñadas de nieve.
  Más beldad, más gallardía
con las tocas tiene; tanto
que cuando del negro manto
de la noche sale el día,
  y entre dos nevadas rocas
descubre el Sol su hermosura,
es una sombra y pintura
de este manto y de estas tocas.

Sancho   Mi inclinación es mayor;
mas, ¿qué importa que nobleza
le falta, si es la belleza
objeto del amor?
  Cisne de cándidas plumas
entre sombras ha salido,
clavel de grana ha traído
sobre cristales y espumas.
  Manto y tocas son de suerte
que en ellos ve el alma mía,
concha y perla, noche y día,
nubes y Sol, vida y muerte.

Ana	Pues, ya estáis desengañados,
	gentiles hombres. No os halle
	otra vez en esta calle
	con pretensión y cuidados.
Sancho	¡Válgate el cielo por dueña!
	Junto a Lucrecia pareces
	que eres alba que amaneces;
	mas, ¡ay, que Amor te despeña!
	Señora capitán, yo quiero
	hablar a solas, lugar
	si mandáis, me podéis dar.
Alvarado	Eso imagino, primero.
	Que os vais me importa. No dudo
	que lo hará tal cortesano.
Sancho (Aparte.)	(¡Válgate Dios por indiano
	pertinaz y cabezudo!)
	Con gracia fuimos burlados
	de esta criada yo y vos.
	Dotémosla entre los dos.
	Yo la mando mil escudos.
Alvarado (Aparte.)	(¡Qué extraña proporción!
	Loco este hombre debe ser
	o no ha llegado a saber
	lo que mil escudos son.)
	Con dádivas no obligamos
	a mujeres principales.
Sancho	Fineza es ser liberales.
Alvarado	Mejor será que riñamos.

Sancho	¿Qué provecho o qué valor se le sigue del reñir?
Alvarado	Verá el acero lucir.
Sancho	Darémosle y es mejor.
Alvarado	Animo y cólera ardiente en amor del hombre inflaman.
Sancho	También magnánimo llaman al que da, como al valiente.
Alvarado	Marte no ha tenido igual.
Sancho	Júpiter oro ha llovido.
Alvarado	Valiente César ha sido.
Sancho	Y Alejandro liberal.
Alvarado	¿Qué no pudieron amagos?
Sancho	¿Qué no penetraron joyas?
Alvarado	Valientes abrasan Troyas.
Sancho	Pródigos vencen Cartagos.
Alvarado	Franco es un prado y un valle.
Sancho	Invencibles son las peñas.

(En medio.)

Gómez	Dádivas quebrantan dueñas, dice el refrán.
Lucrecia	Gómez, calle.
Alvarado	Dadme, señora, licencia de no sufrir demasías.

(Saca la espada.)

Sancho	Necio estuve; las porfías siempre paran en pendencia. Señor capitán, con vos no hay enojo que me cuadre, y por vida de mi madre que habemos de ser los dos amigos. Quedaos a solas.
Lucrecia (Aparte.)	(¡Ay, amiga, ¿madre tiene?)
Sancho (Aparte.)	(¡Mal haya aquél que se viene sin un jaco y dos pistolas.)

(Vase Sancho.)

Alvarado	Señora doña Lucrecia, mi grande amor os suplica que atendáis a una razón que el aliento y él me dicta. Atrevíme al océano; fui a las antárticas Indias, tumbas del Sol; que por eso en ellas tiene escondidas sus riquezas. Truje algunas

que la industria y la fatiga
me dieron, por no decir
la tierra, el mar y la dicha.
Si agora al tomar estado,
elijo mujer altiva
de pensamientos, por noble,
de sangre ilustre y antigua,
claro está que ha de querer
gran fausto, mucha familia,
coche, plata, estrado, dueñas,
pajes, grande casa y silla,
y, en tiempos tan apretados,
es forzoso la ruina
de mi hacienda, y así quiero
mujer humilde y sencilla,
casera, y que se contente
con modesta pasadía
sin altiveces soberbias.
Mari-Ramírez es digna
de gobernarme mi hacienda.
Ya yo sé que es mujer limpia
y honrada; que eso le basta
para madre de familias.

Lucrecia   (¡Malos años! Aun no pudo
disimular su avaricia.)

Ana   Con ella debe tratarse.
Yo quedo bien advertida.

Alvarado   Pues, Gómez tome a su cargo
disponerlo. Si acredita
mi pretensión, yo le mando
unas gentiles albricias.

Gómez	¿Y no hay algo de contado?
	¿Por qué esperara al Mesías
	quien futura sucesión
	de nada quiere en su vida?

| Alvarado | No faltará algún socorro |
| | y en buen moneda. |

(Saca una bolsilla con muchos nudos.)

Gómez	Obliga
	tan generoso animazo
	a que el mundo se le rinda.
(Aparte.)	(¡Oh, que enana que es la bolsa!
	Doscientos nudos le quita.
	Ya no espero verla abierta.
	Bien la bolsa significa
	la miseria de su dueño.
	¡Ya sale el preso!)

Alvarado	Reciba,
	buen Gómez, este real
	y en plata; mas por su vida
	que no lo trueque sin premio.

Gómez	Los años del Fénix viva
	tan liberal Alejandro.
	¿Eres Príncipe? ¿Eres Midas?
	¿Eres el gran Tamorlán?

| Alvarado | ¡Qué beldad tan peregrina! |

(Vase Alvarado.)

Gómez   Gracias a Dios; que ya hay una
               dueña en la corte bien quista.

Lucrecia   ¿Qué te ha dado?

Gómez   Este real
               pechelí...

Lucrecia   Doña Ana, amiga.
               Doña Ana, al arma desde hoy
               contra esta fiera cuadrilla
               de amantes tan imperfectos.
               No te festejen ni sigan
               un necio, un desaseado,
               ni a mí un cobarde me sirva
               ni un avariento me quiera
               porque es injuria y desdicha.

(Vanse todos.)

               Fin de la primera jornada

Jornada segunda

(Salen Lucrecia con manto, Aldonza con tocas, Gómez por una puerta y por otra doña Ana.)

Lucrecia   Esta visita te debo.

Ana   Y en nuevas deudas me pones.

Lucrecia   Las demás obligaciones
                       a pagarlas no me atrevo.

Ana   Pienso que vienes huyendo
                       de algún pretendiente mío.

Lucrecia   Por lo menos de mi tío;
                       que me cansa persuadiendo
                          y con don Sancho me casa.
                       ¡Pero no ha de ser así!

Ana   ¿Aldonza con tocas?

Lucrecia   Sí;
                       que autorizan una casa.
                          Quiero que de tocas use;
                       que es autoridad y honor
                       y las he cobrado amor
                       después que yo me las puse.

Ana   ¿Habemos de ver las fiestas
                       que a Baltasar el Primero
                       hace el Rey?

Lucrecia   Tu gusto quiero.

Gómez	En ocasiones como éstas... ¡Por acá! ¿Qué amante viene?
Ana	Cuando alguno me pasea, hago que luego me vea y así por otra me tiene y se va.
Gómez	Pues, don Fernando el fin de su seso entabla. Ya con bordoncillos habla y dice que está esperando ser tuyo; que eres su centro.
Ana	Yo fuera entonces la necia. Tu tío viene, Lucrecia.
Lucrecia	Retirémonos adentro.

(Vanse las dos.)

Gómez	Yo me quedo a ver qué manda. No estarás tan zahareña pasando plaza de dueña. Tocas ese traje ablanda.

(Sale Alberto leyendo un papel.)

Pero leyendo un papel
viene Alberto. Aun no me ha visto.
Éntrome; pues que conquisto
a Inés que es menos cruel.

(Vase Gómez y sale el Capitán Alvarado.)

Alvarado   Señor Alberto, siguiendo
vuestros pasos he venido.
Sospecho que habéis sabido
quién soy y lo que pretendo
   en esta corte.

Alberto   Ya sé
que de las Indias venís.
¿Por qué causa lo decís?

Alvarado   Mis intentos propondré.
   Lucrecia, vuestra sobrina
tiene en casa una criada
con tocas de dueña honrada
y de beldad peregrina.
   Casarme quiero con ella
sin mirar inconvenientes.

Alberto   No le faltan pretendientes.

Alvarado   Todo el Amor lo atropella.
   A mis ojos es hermosa.
Para mí es bastante prenda.
Tendré quien guarde mi hacienda,
y no mujer caprichosa
   y vana que la destruya.
Ella tendrá esposo rico.
Resuelto estoy y os suplico
que hoy se trate o se concluya.

Alberto   A la vuelta de esa esquina
un breve rato esperad
y sabré su voluntad;

	que aquí está con mi sobrina.
Alvarado	En buen hora amor tan justo
	me disponga la respuesta.

(Vase el Capitán Alvarado.)

Alberto	¿Quién vio pretensión como ésta?
	¿Quién vio tan extraño gusto?
	Lucrecia, Aldonza, doña Ana,
	salid todas acá fuera.

(Salen todas.)

Lucrecia (Aparte.)	(¿Con qué vejez y quimera
	vendrá mi tío?)

Alberto (Aparte.)	(Ella gana
	en este indiano un marido
	cuerdo, noble, rico, honrado.)
	Sabe Aldonza, que he buscado
	tu remedio; que has servido
	bien a Lucrecia y así
	te tengo casada y bien.
	No hay preguntarme con quién.
	Basta que me agrade a mí.
	Yo sé que está bien casada.
	Sigue, sigue tu ventura.

Aldonza	Replicar fuera locura;
	su esclava soy, no criada.
	Deja que tu mano bese.

Lucrecia	Todos parabién te damos
	y agradecidas estamos

	a mi tío.
Gómez (Aparte.)	(¡Que tuviese
	hombre en Madrid tan mal gusto!
	Huélgome porque temí
	no me achacasen a mí
	este trato. ¡Oh, necio adusto,
	cualquiera que tú hayas sido,
	serpientes de Libia son
	su cara y la condición!
	Honrado serás marido.)
Alberto	Luego la boda ha de ser.
Gómez	¡Colérico desposado!
Alberto	Ponla, doña Ana, en tu estrado.
	Idla luego a componer.
Lucrecia	Ven, doña Ana. Si esto pasa,
	¿qué tenemos que esperar?
Gómez	Eso sí. Empiecen a entrar
	las bodas en esta casa.

(Vanse todos menos Alberto.)

Alberto	Mal hace quien desconfía.
	¿Quién dijera que guardada
	una mísera criada
	esta ventura tenía?

(Sale el Capitán Alvarado.)

Alvarado	¿Qué tenemos?

Alberto   Que ya están
                      previniendo porque sea
                      la boda esta noche.

Alvarado   Vea
                      esa vejez a quien dan
                        plata por canas los cielos
                      un siglo asombro español,
                      y tu edad detenga el Sol
                      por azules paralelos.
                        Voy a prevenir también
                      mi casa para venir
                      a este cielo a recibir
                      de su mano tanto bien.

(Vase el Capitán Alvarado.)

Alberto   Loco está de puro amor,
                      y loco de agradecido.
                      ¡Qué dichosa Aldonza ha sido!
                      ¡Oh, señor Comendador!

(Salen el Comendador y don Sancho.)

Comendador   Señor Alberto, quisiera
                      poner a Sancho en estado
                      y en esta corte no he hallado
                      mejor mujer para nuera
                        que Lucrecia.

Don Sancho está retirado

Alberto   Yo traté

con ella ese casamiento.
Mostró al principio contento;
mas después, no sé por qué,
ha mudado de opinión.

Comendador   ¿Vio algún defecto en mi hijo?

Alberto   Nunca la causa me dijo.

Comendador   Sabedme, pues, la razón
por qué a este mozo desprecia.

Alberto   Yo lo pienso disponer.

Comendador   Llega, Sancho, a agradecer
que te casa con Lucrecia
Alberto.

Sancho   Yo agradeciera
más que no tratara de eso.

Comendador   ¿Qué mudanza o qué suceso
te ha puesto de otra manera?
¿No lo deseabas?

Sancho   Sí,
pero la Naturaleza
solo a un monte dio firmeza.
Hombre y no monte nací.

Comendador   ¡Ambos se han arrepentido!

(Hablan en tanto los viejos.)

Sancho (Aparte.)   (Amor, mi muerte dispones;
                   nuevo linaje de arpones
                   son éstas que me han herido.
                      Naturaleza indignada,
                   ya piadosa o ya cruel,
                   pienso que arrojó el pincel,
                   y en una humilde criada
                      dio con todos los colores
                   y sin saber lo que hacía
                   quedó hermosa más que el día
                   para matarme de amores.
                      O la Fortuna envidiosa
                   de ver que Naturaleza
                   al repartir tu belleza
                   se mostró tan generosa
                      con una pobre criada,
                   dijo con ansias extremas,
                   como siempre andan a temas:
                   «Yo te hago desdichada.»
                      ¡Qué envidie yo con desvelos
                   todos los hombres que son
                   de menos obligación
                   y calidad! ¡Que los cielos
                      pundonor, sangre y riqueza
                   rara en mi daño me den.
                   El primero soy a quien
                   embarazó su nobleza.)

Comendador   ¿Por qué eres tan desigual
                   que, habiendo amado, después
                   a Lucrecia olvidas?

Sancho   Es
                   noble, honrada y principal.

50

No hay, [no], mujer que sea
de más garbo y bizarría.
Por hermosa la tenía
pero es en extremo fea.

Alberto ¿Lucrecia fea? Es error.
No hay más hermosa mujer.
Esta noche la ha de ver
el señor Comendador;
que se casa una criada
y ocasión la boda ha dado
para entrar allá embozado.

Sancho ¿Acaso es la desposada
la que trae tocas de dueña?

Alberto La misma.

Sancho (Aparte.) (Muerte me dan.)
¿Y el novio?

Alberto Es un Capitán
de las Indias.

Sancho (Aparte.) (No soy peña.
No soy escollo del mar.
Déjame, fiero tormento,
recibir algún aliento
con qué poder respirar.
Matadme de amores, cielos,
no de envidioso rigor.
Si son hijos del amor
y de la envidia los celos,
¿por qué con tan noble padre

no son dulces, no son bellos?
¿Por qué prevalece en ellos
lo villano de la madre?
   Mal el alma se reporta
si los celos la han herido.)

Comendador   Parece que los has sentido.
A ti, Sancho, ¿qué te importa?

Sancho   [........... -eses]
Yo la veré si eso pasa.

Alberto   La boda es en esta casa
de doña Ana de Meneses.

(Vanse y ha salido don Juan y oye los dos versos.)

Juan   Teneos, vanas sospechas,
y no paséis de recelos
a ser envidia, a ser celos.
Amor, no trueques las flechas.
   Tu matar es dulce y bueno
si cuando a doña Ana adoro
me abrasas con rayos de oro.
No me mates con veneno.

(Sale Gómez.)

Gómez   Póngale ese moño rizo
a la novia aunque es enano.

Juan   ¿No es aquéste el escribano
que las escrituras hizo?
(Aparte.)   ¿Cuándo es la boda? (Yo muero.)

| Gómez | Esta noche, ¿no lo ves
en mi alborozo? |
|---|---|
| Juan | ¿Y quién es
el novio? |
| Gómez | Un gran majadero,
y ya le van a avisar. |

(Vase por otra puerta.)

| Juan | ¡Don Fernando de [Moncada]
ha tenido destinada
belleza tan singular!
¡Un hombre necio, un figura
goza prendas celestiales!
Pero, ¿quién, si no los tales,
son dueños de la ventura?
Y yo a ser más necio vengo,
pues cuando por varios modos
le tienen lástima todos,
yo solo envidia le tengo.
Helo aquí. ¡Qué necio y grave
viene al puesto destinado!
¡Qué presto le han avisado!
Solo que es dichoso sabe. |
|---|---|

(Sale don Fernando.)

| Fernando | Vos, señor don Precursor,
digo don Juan de Vellido,
andáis sin duda herido. |
|---|---|

Juan	¿Qué es Vellido?
Fernando	El autor;
	que siendo bello Cupido,
	y como Dolfos aleve,
	con razón llamarse debe
	bello, bellaco y Vellido.
	Sí, esto pasa, porque pasa
	de raya un paso pequeño.
	Esta casa tiene dueño;
	no paseéis esta casa,
	porque en ella —así— yo fui
	con amor —así— escogido
	y amor —así— me ha tenido.
Juan (Aparte.)	(También es de los de así.)
	Bien, don Fernando, he sabido
	la ventura que gozáis,
	que esta noche os desposáis,
	y que a avisaros han ido;
	mas no me habéis de pedir
	que por la calle no pase,
	y que en celos no abrase.
	Doña Ana lo ha de decir;
	de ella lo quiero saber.
Fernando	Salga Anarda a la ventana
	que el albor de la mañana
	su paraninfo ha de ser.
	Su luz salga a lucidar
	los nebulosos vapores
	de nuestras dudas y amores.
	Clandestino he de aguardar.
	Quede el aire verberado
	de sus labios en mi oído.

Aquí espero submergido
en ondas de mi cuidado.
Interrogadla, don Juan;
que aquí me eclipso en saudades.

(Escóndese donde oiga.)

Juan   Con tan raras necedades
envidia y celos me dan.
Señora, doña Ana.

(Sale doña Ana a una reja baja.)

Ana   ¿Quién
llama a doña Ana?

Juan   No os quiero,
señora, a vos. Aquí espero
con riguroso desdén
la que ya no será mía.
Decid que llama don Juan.

Ana (Aparte.)   (¡Lindo aseo de galán!)

(Vase doña Ana.)

Juan   Gentil fea respondía.

(Sale Lucrecia.)

Lucrecia   ¿Qué es lo que queréis?

Juan   En fin,
señora, doña Ana, ¿es

	la boda esta noche?
Lucrecia	Pues,
	¿qué os importa?

Fernando (Aparte.)	(Un serafín
	muy melífluo y sonoroso
	siento parlar.)

Juan	En efeto,
	¿negáis a un hombre discreto
	por un necio?

Fernando (Aparte.)	(¡Qué envidioso!)

Lucrecia	Señor don Juan, no os canséis
	pues ya estás desengañado.
	Discreto os habéis llamado
	y pienso que lo seréis
	porque es propio el desaliño
	de hombres de ingenio.

Fernando	Por eso
	soy yo muy limpio y profeso
	de santo oficio y armiño.

Lucrecia	Al novio estoy esperando.
	Basta, don Juan, lo que he dicho.

(Vase doña Lucrecia.)

Juan	¡Oh, plega a Dios, enemiga,
	que éste que tuyo se nombra
	como fantástica sombra
	la luz de tus rayos siga.

Tú vivirás sin amor;
que si el tormento más cierto
es atar un vivo a un muerto
por fuerza ha de ser mayor
    la unión de discreta y necio;
mas, ¿cómo ha de ser discreta
la que a un necio se sujeta?
Cólera fue, no desprecio.
    Perdona si te he agraviado
y en tu boda me he de hallar
porque viéndote casar,
quedaré de ti vengado.

(Vase don Juan. Salen Gómez e Inés con sillas.)

Gómez Saca esas luces, Inés;
que la noche viene apriesa
aunque el novio viene a espacio
y en ello pienso que acierta.
Alégrate que otro día,
como dicen en mi tierra,
llegará tu San Martín
pues ves a Aldonza de fiesta.
Échate en remojo tú.

Inés ¿Para qué?

Gómez Para estar tierna.
Algún día dirás «sí»
con esa boca de perlas
y labios de cochinilla.

Inés Eso es decirme de puerca.

| Gómez | De grana quise decir.
Doña Ana y doña Lucrecia
sacan a la novia ya. |

(Salen Aldonza de novia, Lucrecia y Ana.)

| Lucrecia | ¡Que no sepamos quién sea
el desposado! |

| Gómez | Señora,
cuando el desposado venga,
haré lo que un cortesano. |

| Inés | Bufón estás. Cuenta, cuenta. |

| Gómez | Fue a visitar dos casados
ella vieja, flaca y tuerta,
y él era calviantojado;
jugaban a la primera
y preguntó el visitante:
«Vuestras Mercedes, ¿qué juegan?»
Respondió el marido: «Besos».
Fuése el cortesano apriesa
diciéndoles: «Yo me huyo
para que darme no puedan,
barato». |

(Sale don Sancho embozado.)

| Sancho | Celoso vengo.
¡Oh, rigurosas estrellas!
¿Envidioso he de mirar
bodas que son mis obsequias?
¿Tumba y tálamos se juntan |

para que los hombres vean
la inconstancia de la vida?
¿Qué maravilla que tenga
por el un lado el arpa
música y sonoras cuerdas,
y que por otro ataúd
a nuestros ojos parezca?
Si es símbolo de la vida
donde se juntan y mezclan
risa y lágrimas a un tiempo,
vida y muerte, gusto y pena.

(Sale por una puerta don Juan embozado sin valona, con capote y medias de invierno y con lodo.)

Aldonza   ¡Embozados han entrado!
                 ¡Ah, gómez, cierra las puertas!

Gómez   Yo pensaba que venía
                 embozado el novio a verla
                 porque quien hace un delito
                 procura que no lo vean.
                 Voy a cerrar.

(Vase. Sale don Juan.)

Juan   ¿Hasta cuándo
                 reprimiré la tristeza?
                 ¡Que quiera el alma sanar
                 con lágrimas y con quejas!
                 ¡Que venga a ver su desdicha
                 un hombre cuerdo!

(Sale Gómez.)

Gómez	¡Gran fiesta! Banquete nos hace el novio; una gallina muy vieja, reflaca, por quien se dijo: «¡Oh, más dura que mármol a mis muelas!» un cuarterón de confites envió para la cena el tal novio.
Lucrecia	¡Pobre de él! Haced, Gómez, que lo vuelvan.
Gómez	Pero ya son dos las aves; una gallina que pelan y otra que he visto en la sala que pone y no cacarea. Don Sancho es aquél, señora.
Lucrecia	Ya lo sé.

(Don Fernando dentro.)

Fernando	¿No manifiestan las puertas? Hacen patente la interior circunferencia. Decid: «Atolite portas». Dan ingreso.
Gómez	¿Quién vocea?
Fernando	El consorte.
Gómez	No entendemos.

60

Fernando   ¿He de hablar lengua plebeya?
                  ¡El novio!

Gómez   ¡Gracias a Dios!
                  ¡Alerta, señores, que entra!

(Entra de gala ridícula y con un criado alumbrándole con una hacha.)

Fernando   Cuando el noruego falcón
                  cerúleos vientos pasea,
                  se ve garzas en plural.
                  Dicen que luego penetra
                  a cual ha de estropear.
                  La comparación es recta:
                  halcón soy, y garzas veo.
                  ¡Tres garzas, garzas y bellas!

(Hay cuatro sillas. Siéntase junto a Lucrecia.)

                  Aquí me siento, sentido
                  de que el amor no me sienta;
                  que sentado en este asiento
                  sentir con sentidos sepa.

Gómez   ¡Oigan quién el novio ha sido!

Juan   ¡Que esto sufra, que esto vea!

Sancho   ¡No es el novio el Capitán!
                  Deshaz, Amor, tus quimeras.

Fernando   Los desposados —así—
                  a la palabra primera,

—así— se turban —así—.
Y esto —así— que me suceda
—así— no es —así— milagro
si es tanta —así— su belleza.

Lucrecia   Bien dijiste. Bordoncillos
le faltaban, él no deja
estilo de mentecatos
que no toque y que no encienda.
Solo el de culto le falta.

Fernando   No faltan purpúreas hebras
en ese, ensarzan, cabello,
[ni] rubicundas planetas.
Muy, me parece, hermosa.
No, tan mujer, se vio bella.

Lucrecia   Pues, halcón que alozanías
luciente, aun agora, esfera,
altiva, volveréis —mente
garza—, pretendiendo, aquesta.
A la blanca, llegad, nieve
de la hermosamente perla,
y —así— veréis vuestra —así—
novia —así— que si os alegra
—así— seréis destrozado
que —así— gran desdicha tenga.

(Levántase Lucrecia.)

Fernando   ¿Dónde va la fugitiva?
¿Dónde la ola fuese arredra?

Lucrecia   ¡Ah, dejaos esa silla

	junto a la novia!
Fernando	Estupenda
	figura ha constituido
	en el orbe de mi idea.
	Espantádome ha su efigie
	si espanto es Pantasilea.

(Adentro el Capitán Alvarado y Alberto.)

| Alvarado | Abran aquí al desposado. |

Aldonza	Abran muy en hora buen[a].
	Poco por medio ha de ser.
	No hay desposado allá fuera;
	que ya le tenemos dentro.

| Alberto | Abrid, Gómez. |

Gómez	La voz suena
	de mi señor. En la voz
	solo falta su presencia.

(Salen los dos.)

| Alberto | Señor Capitán, ocupe |
| | este asiento. |

Alvarado	¡Qué belleza!
	Aunque sea humilde y pobre
	me caso alegre con ella.

| Juan | ¡Ah, ingrata, que has de casarte! |

| Lucrecia | ¿Qué figura es esta nueva? |

Desembócese, galán.
¿A esta boda no viniera
con una valona?

Juan   Quise.
[......... -e-a].

Lucrecia   Viniera, pues, aseado
y así no le conocieran.
¡Qué bellacos pies que trae!

Juan   Son los zapatos y medias
de invierno y vengo de noche.
¿Hasta cuándo has de ser piedra?
Deja de casarte, ingrata.
¿Cuándo sentirás mis penas?

Lucrecia   Mira qué imposibles digo
cuando él en la corte sea
el más airoso y galán.

Juan   Aun esperanza me dejas.

Alberto   Dense los novios las manos,
¿qué aguardan?

Alvarado   Esa licencia.

Fernando   Ese benévolo fiat,
ese pláceme se espera.

(Levántanla los dos.)

Alvarado   Dame, señora, la mano.

Fernando	El carcaj de cinco flechas espera vuestro consorte.
Lucrecia	¿Estáis loco? ¿No es aquélla la desposada?
Alvarado	Otra es. Es mi dueño y es mi prenda.
Fernando	Mi tálamo conyugal es doña Ana.
Alberto	Pues, ¿qué intentan? Doña Lucrecia de Castro, mi hermosa sobrina, es ésta.
Gómez	Deshízose la maraña.
Sancho	Déte el cielo alegres nuevas. Si aquí espero, estoy en riesgo; que esto parará en pendencia. ¡Oh, qué alegre me rehuyo!

(Vase don Sancho.)

Alvarado	Yo adoraba esa belleza. ¿Qué importa que yerre el nombre?
Fernando	Tu objeto borró las nieblas a mis especies visivas. No me place otra diversa.
Juan	Dichoso engaño fue el mío.

(Vase don Juan.)

Lucrecia	Capitán, yo seré vuestra
	cuando seáis liberal.
(Aparte.)	(Imposible es la promesa.)

Fernando	¿Y mía?

Lucrecia	Cuando discreto
	seáis, hablando la lengua
	castellana lisamente
	sin metáforas ni arengas.

Fernando	Pues sois vos común de dos.
	Más os valiera ser neutra.

(Vase don Fernando.)

Lucrecia	Ea, despejad la sala.

Gómez	Esta novia salió güera.

Lucrecia	Ea, despejad.

Gómez	Pareces
	alabardera tudesca.

Alvarado	Así tomaré venganza.
	Gómez, pues la boda cesa,
	dé la gallina a mi negro
	y cómase la grajea.

Gómez	¿La del negro?

66

Alvarado	Los confites.
Gómez	Nunca tan pródigo seas; que te perderás.
Alvarado	Amor suele hacer magnificencias.

(Vase el Capitán Alvarado.)

Ana	Vuélvete, Aldonza, a tus tocas.
Aldonza	A mí, por Gómez, me pesa que andará fisgando siempre.

(Vanse doña Ana y Aldonza, y sale por otra puerta don Sancho embozado.)

Gómez	Un embozado nos queda. Don Sancho es, que vuelve a ver si dura la competencia aunque también soy ruin el refrán dice que venza acometiendo primero.
(Embózase.)	¿Quién va? ¿Qué gente? ¿Quién es? Sálgase luego allá fuera.
Sancho	Sosiéguese, caballero. De paz soy.
Gómez	Yo soy de guerra.
Sancho	A ver si dura la boda volví a esta casa.

Gómez	Pues vuelva el perro de muchas bodas, ya que son carnestolendas, con esta maza.

(Pone mano y dale.)

Sancho	Señores, ¿tantos a uno?
Gómez	¡Mal cuenta!
Sancho	¡Que matan a un caballero!
Gómez	No mataran si él lo fuera.
Lucrecia	¿Qué es esto, Gómez?
Gómez	No es nada. Desollad esa liebre, Luis Quijada.
Lucrecia (Aparte.)	(Don Sancho es éste. ¡Que Amor con este objeto me embista aunque el discurso resista con prudencia y con valor! No ha de salir vencedor. La razón nos ponga en paz; que si en el fuego eficaz de ese amor mi pecho se arde también seré yo cobarde pues que me vence un rapaz.)
Sancho (Aparte.)	(A Lucrecia adoro y muero sin merecer su favor;

que me falte a mí valor
siendo un noble caballero.
Que un lacayo, un escudero
se me mostrase atrevido
pero ni noble he nacido
ni he adorado su belleza;
que el amor y la nobleza
siempre valientes han sido.)

Lucrecia (Aparte.)   (Divertido está y confuso.)
Don Sancho.

Sancho (Aparte.)   (¡Que siempre temo
poder pasar a otro extremo
con la prudencia y el uso!)

Lucrecia   ¡Ah, don Sancho!

Sancho (Aparte.)   (¡Que dispuso
tal defecto en mí mi estrella!)

Lucrecia   Fuerte es la memoria. ¿En ella
estáis hoy arrebatado?

(Ve a Lucrecia.)

Sancho   Fuerza es que esté deslumbrado
a rayos de luz tan bella.
   Los objetos excelentes
suelen turbar los sentidos,
sordos dejan los oídos
las despeñadas corrientes
del Nilo, que en siete fuentes
tiene su cuna primera.

El Sol, que en su ardiente esfera
forma líneas de amatista
suele eclipsarnos la vista
si en un cristal reverbera.

Lucrecia

    ¿Quién os enseñó, señor,
tan altas sofisterías?

Sancho

Como el tiempo con sus días
suele el retórico amor
enseñar, y aun es mujer
maestro de la verdad.

Lucrecia

¿Luego amáis?

Sancho

        Esa beldad.

Lucrecia

¿Y es grande Amor?

Sancho

        Extremado.

Lucrecia

Al Amor vi yo pintado
en este emblema, escuchad:
  Volaba amagando el suelo
gavilán que al Sol se empina,
por robar a una gallina
algún tímido polluelo.
Ella espantada del vuelo,
a morir antes dispuesta,
el pico y alas apresta
y en sudor vertiendo espumas
iba erizando las plumas,
iba moviendo la cresta.
  Vanos círculos hacía

aquel pájaro rapante
y la gallina constante
en sus alas recogía
los hijos que ajenos cría
con una cólera ardiente
y estaba escrito en su frente
un mote que dice así:
«Símbolo del miedo fui,
pero Amor me hizo valiente.»

Sancho   El propósito no entiendo.
Más es enigma que emblema.

Lucrecia   El que tiene amor, no tema.

Sancho   ¿Decíslo porque pretendo
con temor? Si no os ofendo,
¿cuándo de vuestro favor
he de ser merecedor?

Lucrecia   Tarde. Cuando sin espanto
sepáis hacer otro tanto.

Sancho   Pues, milagros hace Amor.

(Vanse y salen el Comendador y Alberto.)

Comendador   No quise ver a Lucrecia
hasta saber la ocasión
del enojo y la pasión
con que a don Sancho desprecia.

Alberto   Dice, y creerla no quiero,
que en algunas ocasiones

falta a las obligaciones,
don Sancho, de caballero.

Comendador   ¿En qué materia? ¿En qué acción?

Alberto   En las que mostrar debía
con la espada bizarría.

Comendador   Tener yo esa presunción
me causa gran descontento.
Mientras en Flandes he estado
con su madre se ha criado
en mucho recogimiento.

Alberto   ¿Cómo mujeres? Hizo mal
que el joven ha menester
salir de noche y vencer
el recelo natural.

Comendador   Su madre tuvo cuidado
que discreto y galán fuese
don Sancho, no que tuviese
espíritu denodado.
Pienso que mi corrección
le ha de enmendar ese vicio.
La sangre ha de hacer su oficio.
Hijos legítimos son
el valor y bizarría
de la nobleza. A escuadrones
dan ánimo las razones
del capitán que los guía.

Alberto   Consolado pienso verte.

(Sale don Sancho.)

Sancho   En la voz te he conocido,
                y a acompañarte he venido
                que es hora de recogerte.

Comendador   Alberto, adiós.

Alberto   Él te guarde

(Vase Alberto.)

Comendador (Aparte.) (Noche, que de estrellas gozas,
                ¿en sangre de los Mendozas
                vive espíritu cobarde?)

Sancho   Padre y señor, ¿ya no es hora
                de ir a casa?

Comendador   Vos mentís
                cuando padre me decís.
                En la sombra burladora
                  os engendró el torpe miedo.
                Hijo no puede ser mío
                hombre sin valor ni brío
                y aun sin honra decir puedo.
                  ¿Vos tenéis atrevimientos
                de tener mi mismo nombre
                no siendo hombre o siendo un hombre
                de cobardes pensamientos?
                  El hijo que como debe
                no corresponde al honor
                del padre, al padre es traidor
                y a su misma sangre aleve.

(Vase el Comendador.)

Sancho   Padre y dama de una suerte
mi honra dejan ofendida.
¿Para qué es buena la vida?
Estoy por darme la muerte.
  Pero el darse muerte impía
de pusilánimos es.
No incurramos, alma, pues
en la mayor cobardía.

(Salen don Fernando y Gómez.)

Fernando   Antes que se devanezca
la morena noche, tengo
prevenida una armonía,
unos sonoros acentos,
una consonancia dulce
con gorgoritas de Orfeo.

Gómez   Música quiere decir.

Sancho (Aparte.) (¿Música ha de haber? Yo quiero
para no ser conocido,
ir por otra capa y luego
oírla pues que se viste
nuestros humanos afectos.
Al triste entristece más
y al alegre alegra.

(Vase don Sancho.)

Gómez (Aparte.)   (Pienso
que yerra el buen don Fernando.)

Fernando	Ya me llamo don Lucrecio.
	Lucrecia me vivifica.
Gómez	Si cuando sea discreto
	dijo que lo ha de querer,
	mire, tome mi consejo.
	Retírese a alguna aldea
	y lleve un docto maestro.
	Aprenda filosofía
	y el lenguaje casto y bueno
	de Castilla.
Fernando	No me incumbe.
Gómez	Lleve libros, aunque en esto
	hay engaños, porque algunos
	están en romance griego
	y le echarán a perder.
	Dese a la lección de versos
	de los poetas que escriben
	alto, claro y con ingenio.
Fernando	No me incumbe.
Gómez	Oiga comedias;
	que en los teatros oyendo
	un vocablo que disuena,
	lo ponen al margen luego
	un silbo en lugar de un ojo.

(Sale don Juan y escucha.)

Fernando	No me atañe.

Gómez
         Será necio
in seculá seculorum.

Fernando
         Haré esta noche terrero.
Por mis anfiones voy.

(Vase don Fernando.)

Juan
         ¿Qué dice ese majadero,
Señor Gómez?

Gómez
         Darnos quiere
una música.

Juan
         Lo mesmo
pienso hacer.

Gómez
         Señor don Juan,
nací para consejero.
Mejor música será
andar con gala y aseo.
Tenga cuidado de sí
pues es rico y es bien hecho.
Busque un sastre de buen gusto
que le vista bien en viendo
con alguna buena gala.
O señor o caballero
imite. Aprenda a danzar
Para andar con aire.

Juan
         Acepto
sus consejos y esta noche
daré esta música.

(Vase don Juan.)

Gómez   Quiero
                avisarlas. ¡Ah, señora!

(Por la ventana que es la reja.)

                No se recoja tan presto
                pues se queda acá esta noche,
                porque música tenemos
                de don Juan y don Fernando.

(Salen doña Lucrecia y doña Ana.)

Lucrecia   Consentirla será yerro.

Ana   Escucha, Gómez.

Gómez   Yo,
                mis señoras, ¿como puedo?

Lucrecia   Si nos han de dar ruido,
                en la calle le queremos
                de espadas, no de guitarras
                y así he pensado el remedio.

(Pasa don Sancho embozado con capa de color y en ella un hábito como el de su padre.)

                ¿Quién es ése que ha pasado?

Ana   Buen talle de caballero
                me parece.

Lucrecia   ¡Ah, gentilhombre!

Sancho	¿Qué mandáis?
Lucrecia	Estoy temiendo una música importuna y así os suplico y os ruego que no permitáis que canten.
Sancho	Harélo así. Cumplirélo o moriré en la demanda.
(Devíase.) (Aparte.)	(Aquí espero en este puesto. Una capa de mi padre tomé y agora lo advierto que en el hábito reparo. Noche es. No importa.
Gómez	Yo entiendo que es don Sancho, mi señora.
Lucrecia	Yo también.
Ana	A gentil puerto llegamos con la demanda.
Gómez	Véanle venir huyendo.
(Vase a él.)	
Sancho (Aparte.)	(Éste viene para mí, y es, sin duda, el escudero de Lucrecia. ¡Vive Dios que la emblema me da aliento! Honra y amor, ¿qué no harán?

Gómez	Gentilhombre, deje el puesto porque yo le he menester.

(Saca la espada y dale.)

Sancho	De esta manera le dejo.

Gómez	Yo no lo digo por tanto. Tente, paladín moderno. ¿Comes hígado de Aquiles?

(Vase retirando.)

Ana	Engañámonos en ello. Don Sancho no puede ser.

(Sale el Comendador con rodela.)

Comendador	A Sancho vine siguiendo para ver con la experiencia si aprovechan mis consejos. Éste es, sin duda.

Sancho	Éste viene la calle reconociendo para dar música.

Comendador	Amigo, deje ese puesto.

Sancho	Grosero y villano, ¿de este modo vos tenéis atrevimiento

de esa acción?

(Acuchíllale.)

Comendador   Ésa me alegra.
(Aparte.)   (Agora sí te confieso
                       que eres, don Sancho, mi hijo.)

(Vase el Comendador.)

Lucrecia   Saca luz. Conoceremos
                       este hombre.

Inés   Esta noche puedes
                       dejar muy bien satisfecho
                       tu capricho de pendencias.

(Llega don Sancho a la ventana y cúbrese mostrando el hábito.)

Lucrecia   Sola la música os ruego
                       que estorbéis.

Sancho   Bastan los rayos
                       de ese Sol y humano cielo.
                       No saquéis más luz agora.

Lucrecia   Hábito tiene, ya empiezo
                       a quererle bien, doña Ana.

Sancho   Ya suenan los instrumentos;
                       voy a hacer lo que mandáis.

(Apártase.)

Lucrecia   ¡Qué bizarro caballero!

(Sale don Fernando con músicos.)

Fernando   Ruiseñores bautizados,
gorgead aquí.

Sancho   Si dejo
pluma en ellos.

Fernando   Filomenas,
romped nocturnos silencios.

Sancho   Cisnes son. Muriendo cantan.

(Acuchilla.)

Fernando   Hombre argólico, teneos.
Desmesurado gigante...
[.......... -e-o]

(Vanse don Fernando y los músicos. Salen por otra puerta don Juan y el Capitán Alvarado con músicos.)

Juan   Señor, Capitán, aquí
pienso que están defendiendo
la calle.

Alvarado   ¿Qué importa? Así
desocuparla podemos.

(Ponen mano.)

Juan   Gentilhombre, a su pesar
una música traemos.

Sancho	Esta noche no ha de ser a mi pesar, sino al vuestro.
(Retíralos.)	
Lucrecia	¡Quién conocerle pudiera! Es un César, es un Héctor.
Sancho	La campaña está por mía, [.............. -echo]
Lucrecia	El hábito de ese pecho os da tanta bizarría, con afecto espero el día.
Sancho	¿Por qué?
Lucrecia	Para conocer, hombre, a quien debemos ser agradecidas las dos.
Sancho	Vos misma sois. Solo a vos os tenéis que agradecer. Amo yo por solo amar, y el Sol que el mundo rodea no importa que a nadie vea. Basta dejarse mirar. Siendo su luz singular, nunca ha visto las estrellas con ser imágenes bellas de su divino pincel; que es forzoso al nacer él apagarse y morir ellas.

Lucrecia	¿El amar sin esperar
	es amor y entero? No,
	pues la mitad le faltó
	con que yo pudiera amar.
	No dejándoos ver ni hablar,
	no sois perfecto amador,
	pues pudiendo ser mayor
	vuestro amor, no habéis querido;
	que siendo correspondido
	era fuerza el ser mayor.
Sancho	Amo, pues, y amando espero.
Lucrecia	Ésta os dará la esperanza.

(Dale una banda.)

Sancho	Gran amor gran premio alcanza.
Lucrecia	Pues, ¿es grande?
Sancho	Y verdadero.
Lucrecia	Decid quién sois, caballero.
Sancho	Amante que en penas anda.
Lucrecia	Amor decíroslo manda.
Sancho	Caballero fue hasta hoy
	del milagro; mas ya soy
	Caballero de la Banda.

Lucrecia	Pues, adiós.
Sancho	Iré penando.
Lucrecia	¿Pretenderéis?
Sancho	Mereciendo.
Lucrecia	¿Dejaréis de amar?
Sancho	Muriendo.
Lucrecia	¿Cómo viviréis?
Sancho	Amando.
Lucrecia	¿Nos veremos más?
Sancho	Sí.
Lucrecia	¿Cuándo?
Sancho	Siempre me tenéis presente.
Lucrecia	Ya siente el alma.
Sancho	¿Qué siente?
Lucrecia	Pena.
Sancho	Yo, fe.
Lucrecia	Yo, temor.

Sancho	Pues, adiós.
Lucrecia	Gracias a Amor que encontré un galán valiente.

(Vanse todos.)

Fin de la segunda jornada

Jornada tercera

(Salen doña Lucrecia y doña Ana.)

Lucrecia	Acaba, Sol, de esconderte
	en las tumbas del ocaso.
	Arroja el último paso
	a las sombras de tu muerte;
	que con luz más soberana
	te está esperando la Aurora.
	Espira, Fénix, agora
	si has de renacer mañana.
Ana	¿Por qué le ruegas así?
Lucrecia	Porque a las sombras primeras
	aguardo luz.
Ana	Luego, ¿esperas
	a tu nuevo amante?
Lucrecia	Sí.
Ana	¿Nunca has sabido su nombre?
Lucrecia	Rostro y nombre ha recatado.
Ana	¡Ay, que don Sancho ha llegado!
Lucrecia	¡Oh, cómo me cansa este hombre!

(Sale don Sancho.)

Sancho	Atrevimiento me dio

el ver que en esta ventana
estén con luz soberana
los rayos que el Sol negó.
   Ir un hombre tras el día
y seguir al Sol violento
es lícito atrevimiento,
es cortesana osadía.
   A su resplandor vivimos,
y con su luz natural
es el padre universal.
En poniéndose morimos
   de tristeza, y de esta suerte
no fue mi acción atrevida
pues apetezco la vida
cuando amenaza la muerte.

Lucrecia
   ¿Son menester siglos de años
para que entiendas que tienes
siempre en mis ojos desdenes,
siempre en mi voz desengaños?
   Perseverar sin ventura,
importunar sin mudanzas,
pretender sin esperanzas,
no es amor sino locura.

Sancho
   ¿Cómo es locura querer
quien se vio favorecido?
Pues no hay cosa que haya sido
que otra vez no vuelva a ser.
   Favorecido me vi,
aborrecido me veo.
Adoro siempre y deseo
volver a ser lo que fui.

Lucrecia	Esa esperanza ha faltado
	al que ya muere, y si ha sido
	muerte de amor el olvido,
	mal vivirá el olvidado.
Sancho	Bien sé que tanta mudanza
	en ese pecho inconstante
	nace de tener amante
	que sus favores alcanza.
	Bien conozco, ingrata, a quien
	habla de noche a tus rejas.
Lucrecia	¿eso sabes y no dejas
	de amar en vano también?
	Dime quién es.
Sancho	Caballero
	que merece tu favor.
	Hombre es de mucho valor.
(Aparte.)	(Yo mismo soy mi tercero.)
	Quiérele, ingrata, que yo
	voy, pues quieren los cielos,
	a morir de envidia y celos.
Ana	Si venir te prometió,
	mira que anochece ya.
	Haz que éste se vaya luego.
Sancho	Sin esperanza y sosiego
	celosa el alma se va.
	Voyme, pues, que ya presumo
	que ha de volver tu rigor,
	mis esperanzas en flor,
	mis pensamientos en humo.

(Aparte.)

(Otra capa he prevenido.
Ya es de noche. Volveré,
y a un mismo tiempo seré
amado y aborrecido.)

(Vase don Sancho.)

Ana

Nunca creí que se fuera
tan presto este porfiado.

Lucrecia

Irá ya desengañado.
¡Oh, si mi amante viniera!

Ana

Si él viene en anocheciendo
éste pienso que ha de ser.

Lucrecia

No dejarse conocer,
¿qué fin tendrá?

Ana

No lo entiendo.

(Vuelve Sancho con la capa de color y hábito.)

Sancho (Aparte.)

(Enigma como ésta mía.
¿quién habrá que no la ignore,
que a mí de noche me adore
quien me aborrece de día?
La voz finjo en sombra vana.)
Mi norte busco y lucero.

Lucrecia

¿Y quién sois?

Sancho

Es Caballero
de la Banda.

Lucrecia	Él es, doña Ana.
	Mira si viene mi tío;
	que no puede tardar ya,
	porque ha dos días que está
	en mi jardín.
Ana	Yo te fío
	que puedes hablar segura.

(Vase doña Ana.)

Lucrecia	Ave nocturna parezco,
	señor, por vos; que aborrezco,
	esperándoos, la hermosura
	de la luz alegre y pura.
Sancho	¿Vos esperándome a mí?
	No, Lucrecia, al otro sí
	vuestro cuidado esperaba.
Lucrecia	¿A cuál, señor?
Sancho	Al que estaba.
Lucrecia	¿Cuándo?
Sancho	Agora.
Lucrecia	¿Dónde?
Sancho	Aquí.
Lucrecia	Es verdad. Yo lo concedo.

Niego que le haya esperado;
que es un galán muy cansado
y quererle bien no puedo;
que conoce mucho al miedo.

Sancho   Queredle, señora, bien;
que aunque sus partes me den
envidia, yo las confieso.

Lucrecia   Pagados estás en eso;
que él os alaba también.

Sancho   Con celos me habéis dejado;
celos el alma deciden.

(Aparte.)   (Dulces son cuando se piden
de falso y de confiado.
Hasta ver si soy amado,
encubierto determino
amar ese Sol divino.)

Lucrecia   ¡Oh, qué cauteloso amante!

Sancho   Va la prudencia delante
reconociendo el camino.
  Cuando las alas despliega
el bajel más atrevido,
por ver mar no conocido
con la sonda se navega
para ver a dónde llega
el fondo del mar, y así
cuando el piélago corrí
de amor, que es dios soberano,
fui con la sonda en la mano
para no perderme a mí.

        Bajel de amor sin igual
        no debe engolfarse ciego
        por ondas de nieve y fuego
        de rayos y de cristal.
        Escollo tienen fatal
        mis ojos, ya centinelas
        del mar que abrasas y hielas;
        y así el arte y la razón
        han suspendido el timón
        y han amainado las velas.

Lucrecia   Advertid que hay diferencia
        entre el amor y amistad:
        él manda la voluntad
        y ella ordena la prudencia
        con pura correspondencia
        y con honesto favor.
        Confundirlos es error,
        y así infiero que los hombres
        o no distinguen sus nombres
        o no saben qué es amor.

Sancho   Pues mañana quiero yo
        que de esa duda salgáis.
        ¿Bastará que me veáis
        con vuestra banda?

Lucrecia   ¿Pues no?

(Sale doña Ana.)

Ana   Tu tío viene.

Sancho   Tomad

93

(Dale una sortija.)	este anillo con tal arte
	que en dos sortijas se parte.
	La que os doy es la mitad.
	Mi nombre escrito en las dos
	está, y el medio tenéis.

Lucrecia   Que lo descifre queréis.

Sancho   Adiós, señora.

Lucrecia   Adiós.

(Vase don Sancho y sale Alberto por otra puerta.)

Alberto   ¿Cómo en ese patio os veo?

Ana   Esperándote.

Alberto   Un festín
tuvimos en el jardín
de buen gusto. Fue un torneo,
   y hubo sarao otro día
y en ambos llevó don Juan
el premio de más galán.

Ana   ¿Qué don Juan?

Alberto   El que solía
   ser desaliñado amante.
Sin duda le llamarán
don Juan de Heredia, el galán,
las damas de aquí adelante.
   ¿Visteis las fiestas ayer?

Lucrecia	Sí, señor.
Alberto	Quisiera oírlas.
Lucrecia	No acertará a referirlas la lengua de una mujer.

Cuando el lirio francés ha producido
un hermoso clavel que al mundo admira
como el Sol que del alba ha renacido,
y por campañas turquesadas gira,
o como el ave cuyo ardiente nido
de flores y de luz es cuna y pira,
Fénix de España, Sol del hemisfero,
único en nombre, Baltasar Primero.
No amaneció en España mejor día;
en octubre se vio la primavera.
El aplauso común y la alegría
deidad oculta de las almas era,
vislumbre pareció de profecía.
Si la atención el nombre considera
que Baltasar, cuya hermosura adoro
significa el que esconde algún tesoro.
Mas, ya viste el bautismo y te han contado
las máscaras en quien de Austria el Apolo
corrió en sus mismos rayos disfrazado,
el cielo de Madrid de polo a polo,
tan bizarro aplaudido y celebrado
que entre sus grandes era un Fénix solo
y cuando el andaluz Pegaso hería
exhalación del cielo parecía.
El día de las fiestas que un retrato
la plaza de los sirios que blasona
la antigüedad en gente, en aparato.

Palestra fue de Marte y de Belona.
La guarda estaba solo para ornato;
que en esta fidelísima corona
aun las rosas que son inanimadas
defendiendo a su Rey están armadas.

Teniendo, pues, la brevedad del día,
como su majestad en sus balcones,
las fieras que Jarama alienta y cría
salieron a lidiarse. Eran leones;
pero su bruta cólera cedía
al filo de cuchillas y rejones
y dejaban los vientos suspendidos
el pueblo a voces y ellas a bramidos.

La ronca voz de los clarines suena
cuando el Rey asomó de grana y nieve;
vestido de clavel y azucena
el caballo fue cometa leve.
Las huellas no estampaba en el arena
aplauso sin lisonja se le debe;
los ojos suspendió y el regocijo
en la voz popular «víctor» le dijo.

Siguióle Carlos, que él solo pudiera
seguir aquel relámpago animado;
desprecios padeció la primavera
con las varias libreas que han entrado.
La escaramuza fue una igual esfera,
las cañas diestramente se han tirado.
Cuando el Rey de la adarga se encubría,
una perla en su concha parecía.

¿Quién podrá describir cada cuadrilla?
Entre sí solamente han competido
aquellos ricos hombres de Castilla
que estrellas junto al Sol han parecido;
pues no cayó mejor sobre la silla

caballero jamás. La fiesta ha sido
pasmo del mundo, asombro de las gentes
que aun respetan al Rey los accidentes.
    Atendían, y entonces la mañana
del declinar del Sol celos tenía,
la flor de lis de Francia soberana,
la belleza que está esperando Hungría,
el laurel y la púrpura romana
del infante Fernando. Expiró el día
y trémolas bajaron, aunque bellas,
para ser luminarias, las estrella.

Alberto   De naturales y extraños
                 Felipo Cuarto es querido.

Ana   Marte y Adonis ha sido.

Alberto   Guárdale Dios muchos años.

(Salen el Capitán Alvarado y Gómez.)

Alvarado   Gómez, aunque no te obligo,
                 no olvides mi intercesión.

Gómez   En tu misma condición
                 tienes un grande enemigo.
                    ¿Qué padre querrá ser suegro,
                 si no es por mucho interés,
                 de un hombre rico en quien es
                 toda su familia un negro?
                    Si a la brida o la jineta
                 vas a caballo, te pones,
                 por no rozar los calzones,
                 unas fundas de baqueta.

Todos tus regalos son
hígado y bofes de vaca
diciendo que son triaca
para el mal de corazón.

Un hermano que tenías
una noche agonizaba
y ardiendo una vela estaba,
pero tanto lo sentías

que le dijiste con duras
entrañas y airado gesto:
«Hermano, muérase presto
o si no, muérase a oscuras.»

Y la apagaste. ¿Qué novia
te querrá con lo que digo
si fue Alejandro contigo
el tejedor de Segovia?

Aun muerto sientes gastar.
Platicando en qué manera
menos mal el morir fuera,
dijiste tú que en la mar,

y añadiste la razón:
porque en la mar no se gasta
con la parroquia; que basta
para enterrarse un serón.

Alvarado	En efecto, estás de humor.

Gómez

Si tú de amor estuvieras,
tan miserable no fueras.
Pródigos hace el Amor.

(Vase Gómez.)

Alvarado

Bien ha dicho; que peleo

con mi amor y mi tesoro;
que dos riquezas adoro,
dos hermosuras deseo.

   Ser avariento es locura.
Venza, venza ya mi amor;
que la riqueza mayor
para el gusto es la hermosura.

   Si a ser de Lucrecia vengo,
amando sus ojos bellos,
oro tendré en sus cabellos,
rubíes en sus labios tengo.

   Cuando en dos partes adoro,
una de ellas se desprecia.
Alma, amemos a Lucrecia,
aborrezcamos el oro.

   Aunque aborrecer no fue
el gozarla, entonces sí
la riqueza aborrecí,
cuando nunca la gocé.

   ¡Vea el mundo qué es amar!
¡Gómez, mas que no conoces
al Capitán!

(Sale Gómez.)

Gómez   ¿Qué? ¿Das voces?
Que al fin dar voces es dar.

Alvarado   Desmentiré la opinión
que ha publicado la fama;
vean todos, que quien ama
no consiente imperfección.

   Tome, tome.

(Dale una cadena.)

Gómez   Ésta, ¿qué vale?

Alvarado   El que ha llamado avariento
                             tendrá tanto lucimiento
                             que nadie en Madrid le iguale.
                              ¡Y con ánimo español!
(Aparte.)   (Ya el pensarlo me alboroza.)
                              Caballos verá y carroza
                              que desprecian los del Sol.

Gómez   Capitán, hablemos claro.
                              ¿Ésta es bronce o latón?

Alvarado   Siempre sospechosas son
                              las dádivas del avaro.
                              Ya no soy el que antes era.
                              Otro espíritu hay en mí.
                              No es tan pródigo el rubí,
                              Fénix de la cuarta esfera.

Gómez   Dueño eterno he de llamarte
                              y ésta he de pagarte agora
                              con hurtar a mi señora
                              alguna prenda que darte.

(Sale Aldonza.)

Aldonza   Gómez, mi señora llama.

Alvarado   Aldonza, goce también
                              las maravillas que ven
                              en el alma de quien ama.

Toma.

(Dale un bolsillo lleno.)

Aldonza   Una esclava has comprado.

Gómez   De esto que en mi pecho cuelgo,
                           señor Capitán, me huelgo,
                           pero de eso me ha pesado.

(Vanse y sale Inés.)

Inés   ¡Ah, Aldonza!

Aldonza   Ya voy, Inés
                           No me dé prisa ni aflija.

Alvarado   Toma, Inés, esta sortija
                           que de dos diamantes es.

Inés   Señor, ¿dada? ¿Y para mí?

Aldonza   Necia, el señor Capitán
                           es liberal y es galán.
                           ¿Cómo ha de ser si no así?

Alvarado   La primera vez que he dado
                           en toda mi vida es hoy.
                           Gusto es dar, alegre estoy.
                           Dios, de darse ha derivado.
                             Con ser hombre que infinita
                           grandeza cifrada está,
                           Dios, se dice porque da
                           y demonio porque quita.

(Sale Gómez. Dale una banda como la que dio Lucrecia.)

Gómez

Tres o cuatro bandas tiene
de este color mi señora.
Trae ésta en su nombre agora.

Alvarado

Aunque de tu mano viene,
la estimo, Gómez, en más
que un hábito que pretendo;
del octavo cielo entiendo
que algún pedazo me das.

(Vase el Capitán Alvarado.)

Gómez

No lo creo aunque la toco.
De su valor desespero.
O es jeringa o candelero,
o el Capitán está loco.

(Sale don Juan muy galán y saca una banda del mismo color que las otras.)

Juan

¡Oh, Gómez!

Gómez

Señor don Juan,
mi consejo os fue de aviso.
No fue tan galán Narciso.
No fue Adonis tan galán.
¿Qué banda es ésa? ¿Es favor?

Juan

No. La traigo porque vi
que mi Lucrecia anda así.
Traer quise su color.

Gómez (Aparte.)

(Parece a la que ha llevado

de mi mano el Capitán.)
Nuevas por acá nos dan
de que un hábito os han dado.

Juan
　　　　　　Falsas fueron hasta agora,
pero ciertas han de ser.

Gómez
　　　　Escondeos, que he de ver
si os conoce mi señora.

(Escóndese tras del paño y salen doña Lucrecia, doña Ana, y criados.)

Lucrecia
　　　　　El amante que cortés
como recatado anda,
hoy he de ver con mi banda.
Pasa. que sepa quién es.

Ana
　　　　　Ya deseo desde agora
verle.

Aldonza
　　　　　Galán por galán,
mi señora, el Capitán.

(Muestra el bolsillo.)

Inés　　　　El Capitán, mi señora.

(Mostrando la sortija.)

Gómez
　　　　　Al gran Capitán elija
tu gusto.

Lucrecia
　　　　　　　¿Qué novedad
es ésta, necio?

Gómez	Hablad,
	cadena, bolsa y sortija.
	    El indiano que fue un Nero,
	ya es hijo pródigo, presto
	le habemos de ver con esto
	guardar cochinos. Empero
	    un galán, que puede ser
	de Meliona, está afuera
	y licencia tuya espera.

Lucrecia	¿Y quién es?
Gómez	Alá saber.
Lucrecia	Si es galán no conocido, él es, doña Ana. Entre pues y salid fuera los tres.
Gómez	Entrar puedes.
Juan	Ya lo he oído.

(Sale don Juan y vanse los criados.)

	Aunque licencia me dan tus bellos labios, no puedo entrar a veros sin miedo.
Lucrecia	Ana, ¿no es éste don Juan?
Ana	Él es y viene lucido.
Lucrecia	Milagritos hace Amor.

Juan	Yo pensé que en el color
	de aquesta banda he traído
	padrino con que podría
	ser visto de buena gana.
Lucrecia	Peor es esto, doña Ana.
	¡Que aquella banda es la mía!
Ana	Si éste de noche te habló,
	ya te puedes consolar.
Lucrecia	¿Cómo me puede agradar
	lo que una vez me enfadó?
	¿Y el hábito?
Juan	Fue fingido;
	pero él será verdadero.
Lucrecia (Aparte.)	(¡Que se hiciese caballero
	de hábito un hombre atrevido!)
	De otra manera pintado
	le tenía yo en mi mente.
Ana	Si es tan galán y valiente,
	quiérele bien.
Lucrecia	Me ha burlado
	mi propia imaginación.
	Señor don Juan, otro día
	volveréis, por vida mía;
	que os vais agora.
Juan	Razón

será estimar esa vida.

(Vase don Juan.)

Lucrecia

Toda mi dicha es pintada,
toda mi suerte es soñada,
toda mi gloria es fingida.
    Pensamientos inmortales,
vuestra máquina ha caído.
Miren, pues, quién ha venido
para alivio de mis males.

(Sale el Capitán Alvarado.)

Alvarado

    Fuerza es adorar si vi.
Al hado no hay resistencia.

Lucrecia

¿Quién os dio, señor, licencia
para entraros hasta aquí?

Alvarado

    Esta banda; que aunque viene
en mi pecho, como estuvo
en otro, el dueño que tuvo
alienta el dueño que tiene.
    Tanto valor recibió
del pecho donde solía
ser línea y rasgo del día
que hasta agora conservó
    su estimación y valor.
Ved si es mucho que su aliento
me haya dado atrevimiento.

Lucrecia

Ana, ¡peor que peor!
    Éste ha dicho claramente

que aquella banda es la mía.

Ana   ¿Y el otro?

Lucrecia   ¿No lo decía?
¡Oh, confusión impaciente!
  ¡Oh, noche! ¿Qué errores hice?
¿Cómo en el pecho no os veo
una señal que deseo?

Alvarado (Aparte.)   (Por el hábito lo dice.)
  No traigo el hábito agora.
Otra vez vendré con él.

Lucrecia   ¿Qué hay más que dudar si es él?
¡Oh, noche, vil burladora!
  ¿Qué amante no se engañó
en tu oscuridad prolija?

Ana   Háblale de la sortija
que partida te dejó
  y verás cierto si es.

Lucrecia   En vuestra sortija admiro
el arte cuando la miro.

Alvarado (Aparte.)   (La sortija vio de Inés.)
  Otra tengo como ella
si gustáis de verlas juntas.

Lucrecia   ¿De qué sirve más preguntas?
¡Oh, rigores de mi estrella!
  Échale de aquí, doña Ana.
Échale de aquí; que muero

de ver que quiero y no quiero.
¡Falsa luz y sombra vana!

Ana   Idos, Capitán, de aquí.
               Mañana podréis tornar.

Alvarado   A ésta pienso regalar
               para que ruegue por mí

(Vase el Capitán Alvarado.)

Lucrecia   Luz de engaños es el día.
               Noche tenebrosa y fea,
               ¿Por qué has burlado mi idea
               y engañas mi fantasía?

(Sale don Sancho con la banda.)

Sancho   Hoy dije que me vería
               con su banda. Cumplirélo.

Lucrecia (Aparte.)   (¡Que su importuno desvelo
               vaya causando mi muerte!)

Sancho   Esta vez me trae a verte
               este pedazo de cielo,
                  esta banda, esta señal
               que por tuyo me pusiste
               cuando favores me diste
               con tu mano celestial.

Lucrecia (Aparte.)   (¿Qué laberinto mortal
               es, corazón, el que ves?
               Espejo quebrado es

108

la desdicha que he tenido;
que en tres partes dividido
hace de una cara tres.)
   ¿Qué es esto, amiga?

Ana
                Sospecho
que tu galán ha contado
los favores que le has dado
y éstos las bandas han hecho
para engañarte.

Lucrecia (Aparte.)
                (¿Qué pecho
sufrirá las ansias mías?
Tú, tiempo, solo podías
sacarme de estos engaños
pues vas volando en los años
como si fuera en los días.)

Sancho
   Si esta señas estás viendo,
¿de qué te espantas, Lucrecia?
¿Quién no estima? ¿Quién no precia
lo mismo que está queriendo?

Lucrecia
Doña Ana, yo no lo entiendo.

Sancho
Habiéndome conocido,
¿me recibes con olvido?

Lucrecia
No has imaginado mal;
caballero desleal
es aquél que me ha vendido.
   Don Sancho, yo te confieso
que a tu favor me incliné.
No fue mármol, cera fue.

Otra forma Amor ha impreso.
Vete de aquí.

Sancho
Voy sin seso.
Exhalación es mi suerte
relámpago ha sido fuerte
mi dicha para mi daño:
el trueno ha sido mi engaño,
el rayo ha sido mi muerte.

Lucrecia
¿Siempre estás impertinente?

Sancho
¿Siempre estás falsa y cruel?

Lucrecia
Doña Ana, ¿puede ser él?

Ana
¿Cómo, si el otro es valiente?

Lucrecia
Dices bien. La banda miente.
Vete ya.

Sancho
Saber querrá,
¿cómo aborreces de día
lo que de noche adoraste?

Lucrecia
Porque sé que me engañaste.

Sancho
¿Yo?

Lucrecia
Sí.

Sancho
¿Cuándo?

Lucrecia
¡Qué porfía!

Sancho	¡Esa lengua, sí que quiso engañarme siempre! ¡Ah, cielos! Tropezando voy en celos. Sombras mortales diviso. Aspides son los que piso.

(Vase don Sancho.)

Lucrecia	Y yo he quedado de suerte que no sabré responderte. Tales mis desdichas son que mi misma confusión [es] la imagen de mi muerte.
Ana	¿Que no te haya dicho el nombre de anillo?
Lucrecia	Gómez está adivinándolo ya. Todo es enigmas este hombre.

(Sale Gómez.)

Gómez	Oye, si no eres ingrata, [........... -uga] sin pelo, mancha, ni arruga con guarniciones de plata. Un escritorio te envía el Capitán, en que apenas las navetas caben, llenas de una y otra bugería: perlas y los doce pares de guantes, no de París,

ámbar, pita y ámbar gris,
coral y piedras bizarras,
   una colcha y pabellón
que puede ser de Holofernes.
Lince serás si disciernes
las bordaduras que son
   hebras que el Sol ha envidiado,
labor que estrellas desprecia.

Ana	Cohecho es éste, Lucrecia.

Lucrecia	Gómez, diga si ha acertado.

Gómez

   Solas tres las letras son:
«men» dicen, y voy hallando
que ésta fue de don Fernando
y dice «mentecatón»;
   aunque no sé lo que digo
porque decir puede aquí
«mentiroso», «menjuí»,
«mendo», «menestra» y «mendigo».

(Sale Aldonza.)

Aldonza

   Tu licencia está esperando
un caballero cortés
y avisado dice que es
hermano de don Fernando.
   Don Alvaro de Moncada
se llama.

Lucrecia	Entre, ¡si es éste!

Ana	¡Que tal cuidado te cueste!

Lucrecia	Ya le espero alborozada.

(Sale don Fernando mejor vestido y más al uso.)

Fernando	¿Quién duda que habéis pensado, viéndome, señoras, hoy, que aquel don Fernando soy que tanta risa os ha dado? 　Próvida Naturaleza por no confundir las gentes, hizo rostros diferentes, pero muestra su grandeza 　de cuando en cuando diciendo: —Advertid; que si quisiera, siempre unos rostros hiciera. Pero daros no pretendo 　la bárbara confusión que la semejanza trae. Y por eso hermanos hay que, muy parecidos son. 　Por enmendarse Fernando, a un jardín se retiró y allí la salud perdió viéndose ausente y amando. 　Súplica que le enviéis un favor; que en tal rigor piedad será y no favor.
Lucrecia	¿Y cómo me conocéis?
Fernando	Perdonadme y dad licencia que entre las mismas estrellas, con ser imágenes bellas,

puso mucha diferencia
  su criador; y jerarquías
dio a los ángeles, de modo
que siendo espíritu todo,
hay entre ellos mayorías.
  La más bella de las dos
hoy por señas he traído.
¿Qué mucho si he conocido
que fuiste la causa vos?

Ana   ¡Si es don Fernando!

Lucrecia   Prometo
que pienso que es y no es.

Gómez   No inventéis, pues sois cortés;
no finjáis, pues sois discreto.
  En una sortija y fiesta
un caballero pelón
se excusó de la invención
con una letra y fue ésta:
  No saco invención ninguna;
que los buenos caballeros
no han de ser invencioneros.
[.......... -una].

Fernando   Hacerse uno diferente
puede ser [una] invención.
Las semejanzas no son
substancia sino accidente.
  El alma es forma y es guía
del sujeto y no mintiera
quien con otra alma dijera
que no es ya quien ser solía.

114

En bosquejo una figura
parece tosco borrón,
llega a darle perfección
el pincel, y la pintura
  le da forma de manera
que sin quitar ni añadir
se puede entonces decir
otra de la que antes era.

Lucrecia   ¿Y quién causará, señor,
              la mudanza en esta parte?

Fernando   Siendo natural, el arte;
              siendo milagrosa, Amor.

Lucrecia   ¿Qué amor?

Fernando   El bueno y honesto,
              que el torpe, como se engendra
              en el apetito, no entra
              en el alma; ejemplo de esto
                se verá en mi amor perfeto.

Lucrecia   ¿Y quién lo declara así?

Fernando   Un soneto que escribí.

Ana   Oigamos, pues, el soneto.

Fernando   ¿Viste de un monte las espaldas llenas
              de rizos anchos de la intacta nieve?
              ¿Viste una fuente donde el alba bebe
              escondida en celajes de azucenas?
                ¿Viste en espumas, viste en las arenas

reflejos del rubí que el cielo mueve?
¿O al cisne en su candor cuando se atreve
   a competir la voz de las sirenas?
   Más cándido, más puro, más brillante
es el amor que anima el alma mía
si honesto da otras formas al amante
   y otras especies en la mente cría.
Sombras son de mi amor puro y constante
la nieve, el Sol, la fuente, el cisne, el día.

Ana
   Si a Fernando me inclinaba,
cuando discreto le veo
pienso, amiga, que deseo
lo mismo que deseaba.
   Sea don Fernando o no,
suya soy; veré si es él
si Gómez tiene un papel
que don Fernando le dio.

Lucrecia
Pues, en eso, ¿qué es tu intento?

Gómez
Sí lo tengo, en blanco está.

Ana
Escribe en él que me da
palabra de casamiento.

(Vase Gómez y salen todos.)

Comendador
   La palabra me habéis dado
y la tenéis de cumplir
o tenemos de reñir.

Alberto
Lucrecia, yo te he casado
   con don Sancho.

Lucrecia	Sin mi gusto marido en vano me dan.
Juan	Eso defiende don Juan por mí y por ella.
Alvarado	No es justo que dé esa dicha. La espada la razón le ha de decir.
Fernando	Lo mismo debe advertir don Fernando de Moncada.
Juan	Palabra Lucrecia ha dado que sería de don Juan en siendo airosa y galán. Este término ha llegado, y si el alma le consagro, singular amante fui pues el amor hizo en mí tan poderoso milagro. Nunca se dice el discreto, ni el valiente de tal dama sino el galán y quien ama el ser galán es perfeto. Siendo así, de su belleza merezco solo el favor, pues que tuve tanto amor que enmendó a Naturaleza.
Alvarado	No tuvo Alejandro igual con ser galán y valiente; solo le ha dado la gente

renombre de liberal.
Júpiter fue poderoso,
y galán de Danae ha sido.
Como galán no ha vencido;
venció como poderoso.

El Fénix no da sus plumas
y teniendo hermosas galas
nadie para ver sus alas
navega golfo de espumas.

Pero al Sol, de quien gozamos
rayos, que prodigios hace,
cada día que renace
con novedad le miramos.

Siendo así merecedor
solo de Lucrecia he sido;
mayor amor he tenido
pues fue el milagro mayor.

Fernando

Ser liberal o aseado
con amor, virtudes son
que están en la condición,
en el gusto o en el cuidado.

Mudanzas son exteriores
que no alteran el sujeto;
mas ser un necio discreto
nace de causas mayores.

Y así merezco, y es justo
esta victoria, esta palma;
que mi amor obró en el alma
pero el vuestro obró en el gusto.

Y cuando el alma es mejor
que el cuerpo es más eminente
mi amor, y por consiguiente
el milagro fue mayor.

Sancho   A los dos has concluido;
victoria alcanzas, y así
con que yo te venzo a ti,
a los tres habré vencido.
    Las almas iguales son;
solo diferencia siento
en el órgano, instrumento
de su altiva operación.
    De modo que el ser más rudo
o más discreto precede
del instrumento que puede
ser más torpe o más agudo.
    Si es corporal el defeto,
¿no es cosa muy peregrina
que con ciencia o con doctrina
venga el necio a ser discreto?
    Pero que el cobarde pecho
tenga el ánimo atrevido,
con valor, milagro ha sido
que en solo el alma se ha hecho.
    Ella sola es quien inflama
en aliento al corazón,
y por aquesta razón
ánimo el valor se llama.
    Y así, pasar del extremo
de villana cobardía
a la valiente osadía
el milagro fue supremo.
    Y que a este estado llegué,
vosotros testigos fuisteis
una noche que quisisteis
dar música y no os dejé.

(Sale Gómez y da un papel a doña Ana.)

          Y si el ánimo os engaña
con ésta he de conquistar
belleza tan singular.
Salid todos a campaña.

Lucrecia   Esperad, señor don Sancho,
que, pues el árbitro soy,
quiero daros la sentencia.

Sancho   Ésa espero en mi favor.

Lucrecia   Don Juan está muy galán
pero esa transformación
no es milagrosa. ¿Cuál ave
con el pico no pulió
sus plumas si está celosa?
La paloma y el pavón
con sus bizarros paseos,
¿no serán ejemplos hoy?
De modo que hacer galanes
es una ordinaria acción
del amor y no es milagro
de ése que llamaron dios.
El Capitán Alvarado
en lo primero que dio,
¿quién duda que se arrancaba
pedazos del corazón?
Milagro digo que ha sido,
no milagro superior.
El amante liberal
es mercader que compró
su gusto y con su riqueza

dispone su pretensión.
En don Fernando parece
que fue el milagro mayor
porque es dar alma de nuevo
dar al necio discreción.
Si bien con el arte vimos
dar fineza y dar valor
al diamante bruto, y oímos
que hablar el arte enseñó
a las aves; mas en fin,
parece que es perfección
en quien el amor humano
todo su poder mostró.
Pero esa hazaña se debe
solo a doña Ana; que yo
de ese milagro no he sido
primer móvil ni ocasión.
A doña Ana habló primero
y de su mano firmó
esta cédula, el derecho
contra doña Ana le doy.

(Dale la cédula.)   Resta agora la victoria
por don Sancho; que el temor
es una pasión opuesta
al amor mismo. Pasión
que se ha de vencer por fuerza
con su contrario, y los dos
nunca en el alma están juntos;
uno ha de ser vencedor.
Pero dudo que amor haga
esta maravilla en vos.
Demás de esto tengo dueño
que ya esperándole estoy.
Él me dio su fe y palabra

y lo he dado algún favor.
Iguales os dejo a todos;
comunes desdichas son.

Sancho   Ese amante no vendrá;
no le esperes porque soy
a quien mandaste impedir
la música y quien te dio
una parte de sortija
con quien si juntas las dos
verás que Mendoza dice.

(Enseña la sortija.)

Lucrecia   ¿Y el hábito?

Sancho   Por error
capa de mi padre traje.

Lucrecia   Aun dura mi confusión,
viendo tres con bandas.

Juan   Ésta
traigo por ser tu color.

Alvarado   Y yo he de estimar aquésta
aunque Gómez me la dio.

Lucrecia   ¡Ah, villano!

Sancho   No te enojes.

Lucrecia   Con tanta satisfacción,
¿qué he de hacer sino ser tuya?

Fernando	Y yo de doña Ana soy porque cumpla un avisado éste que un necio firmó.
Ana	Pues mi prima, doña Clara, a don Juan de Heredia doy.
Sancho	Yo al Capitán una hermana.
Alvarado	No quiero casarme yo.
Lucrecia	Y aquí tiene fin, señores, cuatro milagros de amor. Si no merecen aplauso, merezcan vuestro perdón.
	Fin de la comedia

Libros a la carta

A la carta es un servicio especializado para

empresas,

librerías,

bibliotecas,

editoriales

y centros de enseñanza;

y permite confeccionar libros que, por su formato y concepción, sirven a los propósitos más específicos de estas instituciones.

Las empresas nos encargan ediciones personalizadas para marketing editorial o para regalos institucionales. Y los interesados solicitan, a título personal, ediciones antiguas, o no disponibles en el mercado; y las acompañan con notas y comentarios críticos.

Las ediciones tienen como apoyo un libro de estilo con todo tipo de referencias sobre los criterios de tratamiento tipográfico aplicados a nuestros libros que puede ser consultado en Linkgua-ediciones.com.

Linkgua edita por encargo diferentes versiones de una misma obra con distintos tratamientos ortotipográficos (actualizaciones de carácter divulgativo de un clásico, o versiones estrictamente fieles a la edición original de referencia).

Este servicio de ediciones a la carta le permitirá, si usted se dedica a la enseñanza, tener una forma de hacer pública su interpretación de un texto y, sobre una versión digitalizada «base», usted podrá introducir interpretaciones del texto fuente. Es un tópico que los profesores denuncien en clase los desmanes de una edición, o vayan comentando errores de interpretación de un texto y esta es una solución útil a esa necesidad del mundo académico.

Asimismo publicamos de manera sistemática, en un mismo catálogo, tesis doctorales y actas de congresos académicos, que son distribuidas a través de nuestra Web.

El servicio de «libros a la carta» funciona de dos formas.

1. Tenemos un fondo de libros digitalizados que usted puede personalizar en tiradas de al menos cinco ejemplares. Estas personalizaciones pueden ser de todo tipo: añadir notas de clase para uso de un grupo de estudiantes, introducir logos corporativos para uso con fines de marketing empresarial, etc. etc.

2. Buscamos libros descatalogados de otras editoriales y los reeditamos en tiradas cortas a petición de un cliente.

.

* 9 7 8 8 4 9 8 1 6 0 7 5 8 *